国学经典读本丛书

百喻经

〔印〕僧伽斯那 撰 〔印〕求那毗地 译

欧阳镇 肖爱娇 译注

山东画报出版社

济 南

图书在版编目（CIP）数据

百喻经／（印）僧伽斯那撰；（印）求那毗地译；欧阳镇，肖爱娇译注. —济南：山东画报出版社，2012.6（2024.5重印）
（国学经典读本丛书）
ISBN 978-7-5474-0334-1

Ⅰ.①百… Ⅱ.①僧… ②求… ③欧… ④肖… Ⅲ.①佛经②百喻经-注释③百喻经-译文 Ⅳ.①B942.1

中国版本图书馆CIP数据核字（2011）第062583号

BAIYUJING
百喻经
〔印〕僧伽斯那 撰　〔印〕求那毗地 译　欧阳镇　肖爱娇 译注

丛书策划　尹奎友
责任编辑　尹奎友　赵祥斌
装帧设计　王　芳
封面设计　博文斯创

主管单位　山东出版传媒股份有限公司
出版发行　山东画报出版社
社　址　济南市市中区舜耕路517号　邮编250003
电　话　总编室（0531）82098472
市场部（0531）82098479
网　址　http://www.hbcbs.com.cn
电子信箱　hbcb@sdpress.com.cn
印　刷　金世嘉元（唐山）印务有限公司
规　格　140毫米×203毫米　32开
6.75印张　110千字
版　次　2012年6月第1版
印　次　2024年5月第2次印刷
书　号　ISBN 978-7-5474-0334-1
定　价　30.00元

出版说明

国学原指国家设立的学府，如小学、太学、国子监等。《周礼·春官·乐师》：“乐师掌国学之政，以教国子小舞。”孙诒让《周礼正义》：“国学者，在国城中王宫左之小学也。”由此可知，在周代，国学是国家所办的一种贵族子弟学校。到了汉代，在京师设太学，为中央最高学府。隋代以后的历朝历代都设国子监，而国子监内同时也设太学。

国学作为学问一说，始于20世纪初期西学东渐、文化转型的历史背景下。1902年秋，梁启超写信给黄遵宪提议创办《国学报》，“以保国粹为主义”，使用了“国学”一词。1906年9月，章太炎在东京发起国学讲习会，不久之后又在此基础上成立了国学振起社。到“五四”爱国运动前后，北京大学文科研究所设立了国学门，出版《国学季刊》；清华大学成立了国学研究院，编印《国学论丛》；章太炎在上海等地演讲国学，出版了《国学概论》，国学研究之风大盛。至此，“国学”一词完成了由“国家设立的学府”向“我国固有的文化学术”意义的转变。

20世纪90年代以来，国学再度复兴，国学热一浪高过一浪。民间出现了以传授国学为主的私塾和国学馆，有的中小学校开设了国学课，北京大学、清华大学、中国人民大学等诸多大学相继创办了国学研究机构。这些举措，既带动了系统而精深的专业化国学研究，也带动了面向社会大众的常识性国学教育。

国学作为我国固有的文化学术，其主要内容是什么呢？1906年，章太炎在日本主编同盟会的机关报《民报》，刊登《国学振起社广告》，圈定国学讲授内容为："一、诸子学；二、文史学；三、制度学；四、内典学；五、宋明理学；六、中国历史。"（按"内典"即佛典）按照传统的分类，国学包括经、史、子、集四部，以经部、子部为重，尤倾向于经部。现在我们通常所说的国学，是指以先秦经典及诸子学为根基，涵盖了两汉经学、魏晋玄学、宋明理学和同时期的汉赋、六朝骈文、唐诗、宋词、元曲与明清小说并历代史学等在内的一套完整的文化学术体系。

要学习国学、研究国学，首先要做的是回归国学经典文本的阅读。近代以来，胡适、梁启超、顾颉刚、鲁迅、汪辟疆、朱自清、钱穆等著名学者都曾为国人开列过国学必读书目。20世纪90年代，北京大学、清华大学的学者、教授们也为学生开列过应读书目。我们此次策划出版"国学经典读本丛书"，就充分参考了以上大家、学者的意见，推出了《周易》《诗经》《大学·中庸》《左传》《论语》《孟子》《国语》《战国策》《史记》《汉书》《后汉书》《三国志》《老子》《庄子》《韩非子》《列子》《荀子》《孙子兵法·孙膑兵法》

《世说新语》《颜氏家训》《金刚经·心经》《坛经》《百喻经》《近思录》《传习录》《楚辞》《古文观止》《唐诗三百首》《宋词三百首》《元曲三百首》等三十种，呈现给广大读者。本丛书充分借鉴前人的研究成果，对所选国学经典进行注释、翻译，对难字加以注音，有的还在篇前加以导读性质的题解。其中，古文辞类各书采用原文加注释和译文的形式，诗词类各书采用原文加注释、赏析和辑评的形式；对于大部头的原著采用选编的方式，选择其重要且可读性强的篇章。丛书追求注释简明，译文通达。本丛书的编辑出版，旨在为国学爱好者提供一套浅近晓畅的国学读本——通过难字注音，使读者诵读经典顺畅无碍；通过题解、注释、翻译和赏析，令读者领悟国学经典的内在魅力，彰显国学经典的现代价值。

山东画报出版社

2012年3月

前　言

《百喻经》，原名《痴花鬘》，又称《百句譬喻经》。该经为公元五世纪印度僧人僧伽斯那所撰。为教导新学，他将散见于佛教经藏的比喻故事摘取九十八则，辑为一部，加上书首的引言和书末的偈颂合为一百，因取整而言，故称《百喻经》。本书译者求那毗地，中印度人，是僧伽斯那的弟子。他对僧伽斯那所集的《百喻经》，悉皆诵习，并深明其意义旨趣。他于南齐建元初（479）由印度来建业（今南京）弘法，曾住当地的毗离耶寺，在寺中讲学、传道、译经。永明十年（492），他译出此书，并于建业止观寺教授新学，传播佛法，名声盛大。中兴二年（502），他于止观寺圆寂。

《百喻经》中的这些比喻故事，原见于佛教诸经，我们在《维摩诘所说经》、《大般涅槃经》、《杂譬喻经》等经中可找到部分比喻故事的原型。僧伽斯那从各种佛经选取比喻故事后，为便于新学修学佛法，故而在每个比喻故事后面都附以佛法说理的部分，从而使《百喻经》成为一部用寓言以申说佛教教诫的著作。本书在佛教十二部经中属于譬喻一类，每篇都有喻和法两部分组成。喻是故事中简短的寓言，法是寓言所显示的教诫。总括全书的意旨，其目的在于对治烦恼，劝行布施、持戒、净命、精进，兼明缘生、无我和一乘的道理，可以说它是通于大小乘的一部佛教作品。现存《百喻经》有两种不同的版本：一是如《高丽藏》第三十卷所收的四卷本，此种版本缺卷首引言部分；二是由鲁迅先生于民国三年（1914）施资刻印的两卷本，开头有引言部分。关于《百喻经》的引言，多数研究者认为是后人所加，并非僧伽斯那的原作。引言中的内容与其他佛经于经首描绘佛说法时的时间、地点、听众及缘起的体例相一致，故宋元明藏均收入引言部分，但这篇引言却又与书末僧伽斯那所撰偈颂中的文义不符，所以我们认为引言为后人所加之说可信。现在普遍流通的为后一种版本，一般在此版本后都附有“会稽周树人施洋银六十圆敬刻此经，连圈计字二万一千零八十一个，印送功德书一百本，余资六圆拨刻《地藏十轮经》”。此外，从梁僧祐《出三藏记集》和梁慧蛟《高僧传》中所记，《百喻经》均为十卷本，这种本子可能已经佚失，或是与现存版本分卷不同。

《百喻经》是鲁迅先生最为喜爱的佛经之一。他曾购藏和阅读日本翻刻高立本、野天佑门卫校勘本、常州天宁刻经处本等几部《百喻经》。1914 年 7 月，他捐款请金陵刻经处刻印此经，1915 年 1 月完成，这就是现在很有影响的金陵刻经处本《百喻经》。其中经文是由鲁迅先生亲自断句的。这次印书的过程在《鲁迅日记》、《周作人日记》等著作中均有记载。新中国成立后，文学古籍刊行社又依金陵刻经处本直行排印为大32开本的《百喻经》，此书于1955年8月在北京出版，1958年2月又在上海重印，流传甚为广泛。继此次刻印之后，王品青得到鲁迅先生赠送的《百喻经》，深爱书中的设喻之妙而删除书中的教诫部分，独留比喻故事，并以其原书名《痴花鬘》取代《百喻经》，由钱玄同题写封面，鲁迅先生作《题记》，于1926年在北新书局印行。这是单独刊行《百喻经》故事部分之开端。以后语体文的译本也出了多种，大都只取其中的寓言部分，而删去了解释、教诫部分。最早用当代语言重译此书者为诗人冯雪峰，他于1948年以《百喻经》为底本，取文中的九十八则寓言故事，编述为通俗流畅的白话文《百喻经故事》，删除原书的说教部分，基本保留原故事情节，对其中有违时代精神的地方作了修改，在《新民晚报》夜光杯副刊连载，1949年2月由上海作家书屋出版。这本书现在收在人民文学出版社出版的《冯雪峰文集》第一卷中。1957年倪海曙也曾做过相类似的工作。近年来，本书再次受到文化界的重视，编译佛经故事的学者都根据不同需要各有取舍，从《百喻经》中选译了不少寓言，以构成他们各自书中的重要组成部分。这些选译者及其作品有张友鸾《佛经故事》、王邦维《佛经故事选》、罗秉芬和黄布凡《佛经故事》、谢生保《佛经寓言故事选》等，以上作品都只是选译了其中一部分故事，而对每个故事后半段说教部分俱弃而不取。除摘编外，对《百喻经》进行重校、今译及注释评析的著作也不少，据不完全统计有近二十种，其中1993年中华书局出版的著名佛教学者周绍良《百喻经今译》，是首次将全经原貌展示给读者的本子，文中注译精到，译文流畅，可称得上是一部佳作。本注译本在吸收其精华的基础上，又增加和补充不少新的内容。

《百喻经》是南齐时代翻译的佛典之一，在我国已流传了一千四百八十余年。它不仅让我们认识古印度人民的智慧，还开拓了我国文学的新领域，因此，它对于研究当时社会状况和佛教思想具有一定的文献价值，而且对于我国的文学发展也产生了深远的影响。在思想上，一是反映了当时佛教大小乘之间发生争论的情况。如第五十三则故事"师患脚付二弟子喻"，文中内容揭示了当时佛教界内部相互排斥、相互攻击的状况，明显表现了大乘佛教形成初期对小乘佛教的排斥，以及小乘佛教对大乘佛教的怀疑和否定。总的来说，《百喻经》对佛教内部的这种矛盾是主张调和的。二是比较系统地阐述了原始佛教及部派佛教思想的成就。它以生动活泼的故事作比喻，阐述了小乘佛教的苦、集、灭、道四谛和诸行无常、诸法无我、涅槃寂静三法印基本教义，分析了大乘佛教的缘起性空、八不中道和八识理论，表现了大乘佛教的中观学派与瑜伽行派之间的矛盾，可以看到，其基本倾向在于中观学派的思想。《百喻经》以通俗浅显的故事讲解佛教思想，最能引起初学者的修习佛法的兴趣，也易于理解和接受佛教的教义和思想，从而达到佛教的弘法度生的目的。在文学上，它虽然是南齐时代的一部佛教文学作品，但对其以后的文学却发生了巨大的影响。鲁迅先生为《痴花鬘》所作的题记中就说过："佛藏中经，以譬喻名者，亦可五六种，惟《百喻经》最有条贯。”这充分说明鲁迅先生对这本书极为重视。这本书在以后鲁迅先生的纪念活动中多次得到了付梓。1955年，为纪念鲁迅先生诞辰七十四周年和逝世十九周年，南京图书馆用原刻板印行三千二百多本宣纸本。1981年，为纪念鲁迅先生诞辰一百周年，在上海鲁迅纪念馆的倡议和支持下，金陵刻经处用原刻板又印了五百多部，用玉扣纸精印，外加护封，赵朴初为该书的出版写了《金陵刻经处重印书因缘略记》一文。1999年7月，人民文学出版社出版《鲁迅辑录古籍丛编》作为“附录”收入了《百喻经》，放在第四卷中。由此可见，《百喻经》无论是从思想上还是从文学上来说，都是一部经典作品。

欧阳镇

2010年9月于南昌

目　录

引　言

闻如是，一时佛在王舍城，在鹊封竹园，与诸大比丘[1]、菩萨[2]摩诃萨[3]及诸八部[4]三万六千人俱。

是时，会中有异学梵志[5]五百人俱，从座而起，白佛言："吾闻佛道洪深，无能及者，故来归问，唯愿说之。"佛言："甚善。"

问曰："天下为有为无？"答曰："亦有亦无。"

梵志曰："如今有者，云何言无？如今无者，云何言有？"

答曰："生者言有，死者言无，故说或有或无。"

问曰："人从何生？"

答曰："人从谷而生。"

问曰："五谷从何而生？"

答曰："五谷从四大火风而生。"

问曰："四大火风从何而生？"

答曰："四大火风从空而生。"

问曰："空从何生？"

答曰："从无所有生。"

问曰："无所有从何而生？"

答曰："从自然生。"

问曰：“自然从何而生？”

答曰：“从泥洹[6]而生。”

问曰：“泥洹从何而生？”

佛言：“汝今问事，何以尔深？泥洹者，是不生不死法。”

问曰：“佛泥洹未？”

答曰：“我未泥洹。

“若未泥洹，云何得知泥洹常乐？”

佛言：“我今问汝，天下众生为苦为乐？”

答曰：“众生甚苦。”

佛言：“云何名苦？”

答曰：“我见众生死时，苦痛难忍，故知死苦。”

佛言：“汝今不死，亦知死苦。我见十方诸佛，不生不死，故知泥洹常乐。”

五百梵志心开意解，求受五戒[7]，悟须陀洹果[8]，复坐如故。

佛言：“汝等善听，今为汝广说众喻。”

【注释】

〔1〕比丘：这里是指出家男众受具足戒者的通称。比丘含有三义，即一、乞士，就是一面向社会群众乞化饮食，以资维持色身，一面又向慈悲的佛陀乞化法食，以资长养法身。二、破恶，此恶是指心中的种种烦恼而言，出家人修戒定慧三学，扑灭贪瞋痴等烦恼，以便达到了生脱死的目的。三、怖魔，六欲天的天魔希望一切的众生皆为魔子魔孙，永远受他的控制，可是出家的佛弟子目的却在跳出三界，以解

脱为期，大家都很认真修行，不为天魔外道所扰乱，于是魔宫震动，魔王怖畏起来，故谓之怖魔。〔2〕菩萨：梵语菩提萨埵的简称，华译为觉有情，就是觉悟有情的意思，也就是上求佛道和下化众生的大圣人。〔3〕摩诃萨：摩诃萨埵的简称，指大的意思。〔4〕八部：是指天众、龙众、夜叉（华译勇健鬼）、乾闼婆（华译香神）、阿修罗（华译非天）、迦楼罗（华译金翅鸟）、紧那罗（华译非人）、摩睺罗迦（华译大蟒神或大腹行地龙）。由于人类的眼睛不能见到这些八部众，所以又称为冥众八部。又因为八部众以天龙为最殊胜，所以又称为天龙八部，或是龙神八部。〔5〕梵志：含有三义，其一，志求生于梵天的人。其二，在家的婆罗门。其三，指一切外道出家人。这里指指一切外道出家人。〔6〕泥洹：即涅槃，又名灭度，是灭尽烦恼和度脱生死的意思。〔7〕五戒：不杀生、不偷盗、不邪淫、不妄语、不饮酒。不杀生是不杀伤生命，不偷盗是不盗取别人的财物，不邪淫是不作夫妇以外的淫事，不妄语是不说欺诳骗人的话，不饮酒是不吸食含有麻醉人性的酒类及毒品。〔8〕须陀洹果：声闻乘四果中的初果名。

【译文】

听说是这样：有一段时间，佛住在王舍城，在鹊封竹园和一群大比丘、菩萨及诸多八部众生共三万六千人一起聚会。

这时参加法会的还有外道信众五百人，他们从座位上站起来，向佛提问道："我们听说佛道广大深奥，世界上没有任何道门可比得上，所以到这里请教，希望为我们解说其中的道理。"

佛说："好极了！"

他们问道："世界是真实存在的还是虚幻不实的？"

佛回答道："既是真实存在的，又是虚幻不实的。"

他们说："如果承认是真实存在的，那为什么又说是虚幻不实的？如果说是虚幻不实的，那为什么又说是真实存在的?”

佛回答说：“生者说是真实存在的，死者说是虚幻不实的。所以说‘既是真实存在的，又是虚幻不实的’。”

他们问道：“人是从什么生出来的?”

佛回答说：“是从五谷生出来的。”

他们问道：“五谷是怎样生出来的?”

佛回答说：“五谷是靠土壤、水分、温度、空气四种因素聚集后而生长出来的。”

他们问道：“土壤、水分、温度、空气四种因素分别是怎样生长出来的?”

佛回答说：“从空而生。”

他们问道：“空又是从什么生出来的?”

佛回答说：“从本无自性的因缘而生。”

他们问道：“本无自性的因缘又从何而生?”

佛回答说： “从不借助于任何造作力量的自然状态中而生。”

他们问道：“不借助于任何造作力量的自然状态又从何而生?”

佛回答说：“从不生不灭而生。”

他们问道：“不生不灭又是怎么来的?”

佛回答说：“你们现在提出的问题怎么达到了这样的深度?若从有情佛性而言，不生不死就是本无生死；若从无情法性而言，就是不生不灭。”

他们问道：“佛是不是已经达到不生不灭?”

佛回答说：“我还没有。”

“若是还没有达到不生不灭，怎能知道不生不灭是常乐无苦？”

佛说：“现在我问你们，世间众生是苦还是乐？”

他们回答说：“世间众生是很苦的。”

佛说：“那么你们怎么知道他们很苦呢？”

他们回答说：“我们见到众生在临终时苦痛难忍，所以知道死是非常痛苦的。”

佛说：“你们虽然未曾经历过死的痛苦，也能知道死时是苦；我见到十方诸佛本无生死，既不曾前生，也不曾后灭，所以知道不生不灭是常乐无苦的。”

这时外道信众心开意解，就请求佛陀给他们传授佛教五戒，并且让他们证悟了声闻乘的初果，于是他们又回到原来座位上继续听佛说法。

佛说：“你们好好听，现在为你们讲说一些比喻以明佛法的道理。”

愚人食盐喻

昔有愚人，至于他家，主人与食，嫌淡无味。主人闻已，更为益盐。既得盐美，便自念言："所以美者，缘有盐故。少有尚尔，况复多也？"愚人无智，便空食盐。食已口爽，返为其患。

譬彼外道〔1〕，闻节饮食可以得道，即便断食〔2〕，或经七日，或十五日，徒自困饿，无益于道。如彼愚人，以盐美故，而空食之，致令口爽，此亦复尔。

【注释】

〔1〕外道：于佛教以外立道，或道外之道，称为外道，这里指修佛法以外法门的道众。　〔2〕断食：是一种苦行的修道方法。它规定修道人须在特定时间内禁绝饮食忍受饥饿以助成就功德。

【译文】

愚人吃盐的比喻

从前有一个蠢人，到别人家里做客，主人留他吃饭，他却嫌菜的味道太淡。主人知道后，就在菜里加放了一点盐。他已品尝到盐的美味，心里想："菜的味道变得好吃，是由于盐的缘故。加少许盐就这样，要是再多加些，岂不更好？"这蠢人这样推断后，就空口吃起盐来。结果吃得口干舌苦，盐反而成了他的患害。

这就好比外道信众修行，听说节制饮食对修行入道有益，于是就断绝饮食，有的经历七天，有的熬过十五天，白白地受一番饥饿的困苦，因为这对修道没有增加一点益处。就像那蠢人，以为不断地加盐就可以增加美味，于是就空口吃盐，弄得口干舌苦，其理与此相同。

愚人集牛乳喻

昔有愚人，将会宾客，欲集牛乳，以拟供设。而作是念："我今若豫于日日中𣪘[1]取牛乳，牛乳渐多，卒无安处，或复酢败[2]。不如即就牛腹盛之，待临会时，当顿𣪘取。"作是念已，便捉牸牛[3]母子，各系异处。却后一月，尔乃设会，迎置宾客。方牵牛来，欲𣪘取乳，而此牛乳，即干无有。时为众宾，或瞋[4]或笑。

愚人亦尔。欲修布施[5]，方言待我大有之时，然后顿施。未及聚顷，或为县官、水火、盗贼之所侵夺，或卒命终，不及时施。彼亦如是。

【注释】

〔1〕𣪘（gòu）：这里指挤牛乳。　〔2〕酢（zuò）败：这里指食物腐烂、变质、发酵。　〔3〕牸（zì）牛：这里指母牛。　〔4〕瞋（chēn）：恼怒打骂伤害别人，为三毒之一。　〔5〕布施：有三种，即一、财施，即以财物去救济疾病贫苦的人；二、法施，即以正法去劝人修善断恶；三、无畏施，即不顾虑自己的安危去解除别人的怖畏。这里是指以财物去救济疾病贫苦的人。

【译文】

愚人收集牛奶的比喻

从前有一个愚蠢的人，打算宴请朋友，为此他想把挤出的牛奶收集起来，以待设宴时用。于是他想：“我现在如果事先把每天挤出的牛奶储存起来，牛奶会逐渐多起来，不仅无法安放，还会发酵变酸坏掉。不如就让奶在牛肚子里装着，等到临开宴会的时候，再当场把奶挤出来。”想好后，他就将母牛和小牛捉住，分别拴在不同的地方。一个月后，他开设宴会，欢迎安顿好请来的朋友，便将牛牵出来，准备挤奶。可是这头牛的奶已经干瘪得什么也挤不出来。这时满堂的客人见此情景，既好气又好笑。

蠢人也是如此。如有想修布施的人，总说要等我挣到大钱富裕的时候，然后再一起用来布施。可是还没有等到他开始挣钱，要么被官吏勒索掉，要么被水火、盗贼侵夺掉，要么自己突然死去，已来不及修持布施。这种修持布施的人与在牛腹中蓄奶的蠢人一样。

以梨打破头喻

昔有愚人，头上无毛。时有一人，以梨[1]打头，乃至二三，悉皆伤破。时此愚人，默然忍受，不知避去。傍人见已，而语之："何不避去？乃往受打，致使头破。"愚人答言："如彼人者，憍慢[2]恃力，痴[3]无智慧。见我头上无有发毛，谓为是石。以梨打我，头破乃尔。"傍人语言："汝自愚痴，云何名彼以为痴也？汝若不痴，为他所打，乃至头破，不知逃避。"

比丘亦尔，不能具修信[4]、戒[5]、闻[6]、慧[7]，但整威仪[8]，以招利养[9]。如彼愚人，被他打头，不知避去，乃至伤破，反谓他痴。此比丘者亦复如是。

【注释】

〔1〕梨：这里指木杖。　〔2〕憍慢：自大高傲的心理。　〔3〕痴：又名无明，不明白事理的意思。　〔4〕信：对所闻之法生起信仰的心。　〔5〕戒：防非止恶的意思，不但恶事不可做，就是恶的念头也不许有。　〔6〕闻：听闻佛的教法。　〔7〕慧：睿智的意思，也就是确知诸法真相的智慧。　〔8〕威仪：行住坐卧应有的威德和仪则。　〔9〕利养：以利益保养身体。

【译文】

用木杖打破光头的比喻

从前有一个蠢人，头上没有长头发。当时有一个人就用木杖来打他的头，连打了两三下，把他的头都打破了。然而这个愚蠢的人还默默地忍受着剧痛，竟然不知道躲避。旁边的人看到这个场面，就对他说："你为什么不躲开？仍呆在这里等着挨打，连头都打破了。"蠢人竟回答说："像他那样的人，只凭着力气大骄横轻慢，其实他愚蠢得很。他看到我头上没有头发，就认为是一块石头，便用木杖来打破了我的头。"旁边的人说："是你自己太蠢了，怎么还说别人愚蠢呢？如果你不蠢，怎么头都被他打破了，还不知道躲开。"

有的比丘也这样，不能发起信心，持守戒律，听闻佛法，修习智慧，只是修饰外表，借以招来十方信众的供养。这就像上面所说的蠢人，头被人打，自己不知躲开，直至受伤流血，还说打人者愚蠢。这种比丘与愚蠢人是一样的。

妇诈称死喻

昔有愚人，其妇端正，情甚爱重。妇无直[1]信，后于中间共他交往，邪淫心盛，欲逐傍夫，舍离己婿。于是密语一老母言："我去之后，汝可赍[2]一死妇女尸，安著屋中。语我夫言，云我已死。"老母于后，伺其夫主不在之时，以一死尸置其家中。及其夫还，老母语言："汝妇已死。"夫即往视，信是己妇，哀哭懊恼。大积薪油，烧取其骨，以囊盛之，昼夜怀挟。妇于后时，心厌傍夫，便还归家，语其夫言："我是汝妻。"夫答之言："我妇久死，汝是阿谁？妄言我妇。"乃至二三，犹故不信。

如彼外道，闻他邪说[3]，心生惑[4]著，谓为真实，永不可改。虽闻正教，不信受持[5]。

【注释】

〔1〕直：同贞，这里指贞操。　〔2〕赍（jī）：送与，送给。〔3〕邪说：这里指与佛法相违背的说教。　〔4〕惑：迷惑错误，是贪瞋痴等烦恼的总称。　〔5〕受持：领受忆持。

【译文】

妻子假称已死的比喻

从前有一个愚蠢的人，他的妻子相貌生得不错，夫妻俩相亲相爱，感情融洽。后来他的妻子有了外遇，热衷于那种不正当的两性关系，决心追随情夫私奔，舍弃自己的丈夫。离家前，她就秘密地托付一个老太太说："我离开家后，你替我弄一具妇女的尸体，安放在我家里，然后告诉我丈夫，说我已经死了。"老太太后来果真趁她丈夫不在家的时候，弄来一具女尸放在她家，等她丈夫回来后，就对他说："你妻子已经死了。"她丈夫看那尸体后，认为死者就是他的妻子，于是伤心哭泣，十分痛苦。他赶紧置办木柴和油料，将尸体烧成骨灰，用袋子盛着，日夜都带在身边。这跑掉的妻子，后来对情夫厌烦起来，就回到家里，对丈夫说："我是你的妻子。"丈夫回答说："我的妻子已死很久了，你是什么人？竟胡说是我妻子。"尽管她再三解释，他还是不相信。

这正像那些没有佛法正见的外道，听到了异端邪说，心里对佛法就产生了疑惑，认为邪说就是真相，并坚信不疑。虽然以后听到合乎真理的正法教导，也不能相信，更不能持守奉行。

渴见水喻

过去有人，痴无智慧。极渴须水，见热时焰[1]，谓为是水，即便逐走，至辛头河[2]。既至河所，对视不饮。傍人语言："汝患渴逐水，今至水所，何故不饮？"愚人答言："若可饮尽，我当饮之。此水极多，俱不可尽，是故不饮。"尔时众人闻其此语，皆大嗤笑。

譬如外道，僻取其理，以己不能具持佛戒，遂便不受。致使将来无得道分[3]，流转[4]生死。若彼愚人，见水不饮，为时所笑，亦复如是。

【注释】

〔1〕热时焰：指田野间蒸腾的水汽，春季晴天或夏季伏地常常都可以见到。 〔2〕辛头河：印度河的古称。 〔3〕道分：指对佛教教义的领会、觉悟。 〔4〕流转：流落辗转于生死。

【译文】

渴见水却不喝的比喻

从前有一个愚昧又不通事理的人，一次，他口渴极了，很想喝水。远远地看到地面上蒸腾的水汽，以为就是水，就急忙去追赶这片虚幻的水汽，一直追到了印度河边。到了河边，却面对河水，并不去喝。旁人问他："你如此干渴，匆忙赶来河边，怎么到了水边，却又不喝水？"蠢人回答："如果能将水喝干，我自然早就喝了。如今这河水滔滔不绝，不可能一下子喝完，所以干脆不喝了。”当时在场的人听他说这种话，都忍不住大笑起来。

这个例子可以用来比喻某些外道的做法。他们认为自己不能完善地持受佛陀戒律，就根本不去受戒了，以致失去后来得道的希望，从而长期流转于生死苦海之中。这正像那个到了河边宁可口渴而不饮水的人一样，受到人们的嘲笑，其道理是相同的。

子死欲停置家中喻

昔有愚人，养育七子，一子先死。时此愚人，见子既死，便欲停置于其家中，自欲弃去，傍人见已，而语之言："生死道异，当速庄严〔1〕。致于远处而殡葬之。云何得留，自欲弃去？"尔时愚人闻此语已，即自思念："若不得留，要当葬者，须更杀一子，停担两头，乃可胜致。"于是便更杀其一子，而担负之，远葬林野。时人见之，深生嗤笑，怪未曾有。

譬如比丘，私犯一戒，情惮〔2〕改悔，默然覆藏，自说清净。或有知者，即语之言："出家〔3〕之人，守持禁戒〔4〕，如护明珠，不使缺落。汝今云何违犯所受，欲不忏悔〔5〕？"犯戒者言："苟须忏者，更就犯之，然后当出〔6〕。"遂便破戒，多作不善，尔乃顿出。如彼愚人，一子既死，又杀一子。今此比丘，亦复如是。

【注释】

〔1〕庄严：含两义，一、装饰的意思。二、庄美威严。这里指按风俗习惯规定的仪式安葬死者。　〔2〕惮（dàn）：害怕、畏惧。〔3〕出家：出离烦恼之家，亦即出离在家的生活，去修沙门的净行。〔4〕禁戒：禁非戒恶。佛所制的禁戒有五戒、八戒、沙弥戒和具足戒

等分别。〔5〕忏悔：忏是发露过去所作的旧恶，悔是知错以后不会再作。〔6〕出：是忏悔法中的出罪，即发露忏悔、求悔出罪、说罪悔过。

【译文】

儿子死后想放在家中的比喻

从前有一个蠢人，养了七个儿子，有一个儿子突然死去，这蠢人便想把尸体停放在家里，自己离开家到别的地方去生活。邻居们见到这种情况，就告诉他说："生与死是截然不同的，应当赶快把尸体料理停当，送到偏远的地方埋藏起来。怎么能把尸体停放在家里，自己却到别处去呢？"当时蠢人听后，心里盘算着："如果尸体不能停放在家，一定要安葬的话，还得再杀一个儿子才能使担子两头均匀好挑。"于是他又杀了一个儿子，把两具尸体一担挑着，送到野外的林子里埋了。当时人们见到这种举动，深深地发出嗤笑声，对这从来没有见过的怪事感到奇怪。

由这件事就会想到修行的比丘私下违犯了某一戒条，心里害怕去求悔过出罪，便隐藏在心里不肯改过忏悔，只说自己持戒清净。有的善知识就对他说："出家人守持禁戒，要像守护和爱护眼睛一样，不应使它失去受到任何损害。你现在违犯了戒律，怎么想不作忏悔？"违犯戒律的出家人却说："如果需要忏悔，等我下次犯戒后，再一起发露自己的罪过悔改。"犯戒的人由于受这种错误思想的影响，继续破戒，做出许多坏事，从而被赶出了佛门。这就像前面说到的那个蠢人，一个儿子死了，又去杀一个儿子。现在这个被赶出佛门的比丘也同样如此。

认人为兄喻

昔有一人，形容端正，智慧具足[1]，复多钱财，举世人间，无不称叹。时有愚人，见其如此，便言我兄。所以尔者，彼有钱财，须者则用之，是故为兄；见其还债，言非我兄。傍人语言："汝是愚人，云何须财，名他为兄；及其债时，复言非兄？"愚人答言："我以欲得彼之钱财，认之为兄，实非是兄；若其债时，则称非兄。"人闻此语，无不笑之。

犹彼外道，闻佛善语，贪窃而用，以为己有。乃至傍人，教使修行，不肯修行，而作是言："为利养故，取彼佛语，化道众生[2]，而无实事，云何修行？"犹向愚人，为得财故，言是我兄；及其债时，复言非兄。此亦如是。

【注释】

〔1〕具足：具备、满足。 〔2〕众生：这里指人类。

【译文】

认人为兄的比喻

从前有一个人，容貌端正，十分聪明，又有很多钱财，没有人不称赞他。那时有一个蠢人，看到他如此出色，就对人说他是自己的哥哥。之所以这样称呼他，是因为他有钱，需要用钱时，就可以用人家的钱，所以管他叫哥哥。后来看到他被逼还债，便又改口说他不是我的哥哥。旁人就对他说："你这蠢人怎么搞的，要得到别人钱财时，就说他是哥哥；等到他被逼债的时候，就说他不是自己的哥哥？"他回答说："我因为想得到他的钱财，所以认他作哥哥。他其实不是我哥哥。他要借了债，我当然就不称他哥哥了。"人们听到这些话，无不讥笑这个蠢人。

这正像有的外道，听到佛教所讲一些道理，就剽窃其中的一些语句作为自己所证悟的境地。等到旁人要他用所说的这些理论去指导具体修行时，外道不会也讲不出有用的东西，只得坦白地说出："原来是为了得到供养，取用了一些佛教所讲的道理来向众生学说一遍，其实我并不知道修行的方法，怎样把它运用到修持中来呢？"这就如同上面说的那个蠢人，为了得些钱财，就说别人是我哥哥；等到其借债时，就说不是我哥哥。外道的做法很像这个蠢人。

山羌偷官库喻

过去之世，有一山羌，偷王库物，而远逃走。尔时国王遣人四出，推寻捕得，将至王边。王即责其所得衣处。山羌答言："我衣乃是祖父之物。"王遣著衣，实非山羌本所有故，不知著之，应在手者，著于脚上；应在腰者，返著头上。王见贼已，集诸臣等共详此事，而语之言："若是汝之祖父已来所有衣者，应当解著，云何颠倒，用上为下？以不解故，定知汝衣必是偷得，非汝旧物。"

借以为譬，王者如佛，宝藏〔1〕如法〔2〕，愚痴羌者犹如外道。窃听佛法，著己法中，以为自有。然不解故，布置佛法，迷乱上下，不知法相〔3〕。如彼山羌得王宝衣，不识次第〔4〕，颠倒而著。亦复如是。

【注释】

〔1〕宝藏：累积珍宝的库藏。 〔2〕法：指一切的事物。一切的事物，不论大的小的，有形的或是无形的，都称为法，有形的称为色法，无形的称为心法。 〔3〕法相：诸法显现于外各别不同的相。〔4〕次第：顺序，这里指穿着衣服的方法。

【译文】

山民偷国库的比喻

从前有一个山民，偷了国王库藏里的一些衣物，逃到很远的地方。国王知道后，派人四处追寻，终于捉到这个山民，把他带到国王跟前。国王追问山民衣物的来源。山民回答说："这些衣物都是我祖先、父辈留下来的。"国王叫他穿上这些衣服，由于衣物确实不是他的，所以不知道怎么穿戴，以致把应该戴在手上的却穿到脚上，应该系在腰里的却戴在头上。国王见了，确定是贼无疑，召集大臣议论这件事，就对山民说："如果这是你祖先、父辈遗留的衣物，你应该清楚这些衣物的穿法，怎么会穿着颠倒以上为下呢？可见你根本不知如何穿戴它，由此就可以断定这些衣物是你偷来的，并不是你家原来就有的东西。"

借这件事来作比喻：国王就好比佛，库藏就好比佛陀说的言教，愚昧的山民就好比外道。外道偷听了佛陀说的法语，拿来穿插在自己的言论里，作为自己的话。事实上，他并不了解这些法语的实际含义，在安排窃听得来的佛法时，就会迷乱了佛法的上下次第，不能正确地了解其意义。这就好像那个山民，他偷得国王的宝衣，却不知道怎样穿戴，分不清上下，以致本末颠倒、次第错乱。外道也和这山民一样的荒唐。

叹父德行喻

昔时有人，于众人中，叹己父德，而作是言："我父慈仁，不害不盗，直作实语，兼行布施。"时有愚人，闻其此语，便作是念，言："我父德行，复过汝父。"诸人问言："有何德行，请道其事。"愚人答曰："我父小来，断绝淫欲，初无染污[1]。"众人语言："若断淫欲，云何生汝？"深为时人之所怪笑。

犹如世间无智之流，欲赞人德，不识其实，反致毁呰[2]。如彼愚者，意好叹父，言成过失。此亦如是。

【注释】

〔1〕染污：即烦恼，因烦恼能染污人们的真性。　〔2〕毁呰（zǐ）：诋毁人的坏话。

【译文】

赞叹自己父亲德行的比喻

从前有一个人，当着很多人面前称赞自己父亲的德行，他这样说道："我父亲最仁慈，从来不害人、不偷盗、不说瞎话，而且还喜欢施舍。"这时有一个蠢人，听到他说的这番话，就说："我父亲的德行，要比你父亲高得多呢！"众人就问他："你父亲有什么德行？请你说说看。"这人回答说："我父亲从小就断绝男女之欲，从来没有发生过男女之间性行为。”众人就问：“你父亲要是断绝男女性欲，怎么会有你呢?”这种与事实相矛盾的话，成为众人的笑谈。

这就像世上没有常识的人，本想称赞别人，但是由于不明事理，反而收到相反的效果。就像这个蠢人，本意是想赞颂他父亲，却说得言过其实，反而惹人讥笑的道理一样。

三重楼喻

往昔之世，有富愚人，痴无所知。到余富家，见三重楼，高广严丽，轩敞疏朗，心生渴仰，即作是念："我有财钱不减于彼，云何顷来而不造作如是之楼？"即唤木匠，而问言曰："解作彼家端正舍不？"木匠答言："是我所作。"即便语言："今可为我造楼如彼。"是时木匠，即便经地，垒墼[1]作楼。愚人见其垒墼作舍，犹怀疑惑，不能了知，而问之言："欲作何等？"木匠答言："作三重屋。"愚人复言："我不欲下二重之屋，先可为我作最上屋。"木匠答言："无有是事。何有不作最下重屋，而得造彼第二之屋？不造第二，云何得造第三重屋？"愚人固言："我今不用下二重屋，必可为我作最上者。"时人闻已，便生怪笑，咸作此言："何有不造下第一屋而得上者。"

譬如世尊四辈弟子[2]，不能精勤修敬三宝[3]，懒惰懈怠，欲求道果[4]，而作是言："我今不用余下三果[5]，唯求得彼阿罗汉果。"亦为时人之所嗤笑。如彼愚者，等无有异。

【注释】

〔1〕墼（jī）：砖坯。　〔2〕四辈弟子：指比丘、比丘尼、优婆塞、优婆夷四种佛教信徒，亦称四众、四部弟子等。　〔3〕三宝：佛

宝、法宝、僧宝。一切之佛，即佛宝；佛所说之法，即法宝；奉行佛所说之法的人，即僧宝。〔4〕道果：证道得果。道是菩提，果是涅槃。〔5〕三果：声闻乘的果位名，梵语称为阿那含，华译为不还，意即修到了此果位的人，便不再来人间受生死了。

【译文】

建造三层楼的比喻

从前有一个很有钱的人，但愚蠢无知。一次，他到另一个富人家里，看见一座三层的高楼，宽广高大，而且富丽堂皇。他十分羡慕，心里想："我的钱财并不比他少，为什么不造一座这样的楼呢？"于是他立刻叫来木匠，问道："你能否照着那家的样子造一座漂亮的高楼？"木匠回答说："他家那座楼就是我盖的。"富人便说："现在就请你照样为我盖一座楼！"于是木匠就清理地基、制坯垒砖、准备造楼。富人看到这些，心里疑惑，不能明白，就问他："你这是干什么？"木匠回答说："造三层的楼呀。"富人说："我不要下面二层，你先为我盖最上面的一层。"木匠答道："哪有这样的事！哪里有不造底层的就能造第二层的，也没有不造第二层就能造第三层的。"这个蠢人固执地说："我就是不要下面两层，你一定得给我盖最上面的一层。"其他人听说这种事，都笑话他："世界上哪能有不从下面一层造起就能盖到上面第二层、第三层的！"

这就像佛的四辈弟子中，有的人不虔诚修持恭敬佛、法、僧三宝，懒惰懈怠，却想修得正果，因而他说："我现在不需要须陀洹、斯陀含、阿那含三果，只求修得第四阿罗汉果。"这也同样被当时人们所耻笑，和这个蠢人并没有两样。

婆罗门杀子喻

昔有婆罗门[1]，自谓多知，于诸星术[2]种种技艺，无不明达。恃己如此，欲显其德，遂至他国，抱儿而哭。有人问婆罗门言："汝何故哭？"婆罗门言："今此小儿，七日当死，愍其夭伤，以是哭耳。"时人语言："人命难知，计算喜错，设七日头，或能不死，何为豫哭？"婆罗门言："日月可暗，星宿可落，我之所记[3]，终无违失。"为名利故，至七日头，自杀其子，以证己说。时诸世人，却后七日，闻其儿死，咸皆叹言："真是智者所言不错。"心生信服，悉来致敬。

犹如佛之四辈弟子，为利养故，自称得道；有愚人法，杀善男子，诈现慈德，故使将来，受苦无穷。如婆罗门，为验己言，杀子惑世。

【注释】

〔1〕婆罗门：婆罗贺摩拏的简称，为印度四姓之一，华译外意、净行、净志、静志等，是奉事大梵天王而修净行的种族。 〔2〕星术：指以星象占卜吉凶的方法。 〔3〕记：预计、预言。

【译文】

婆罗门杀死儿子的比喻

从前有一位婆罗门，认为自己的知识丰富，对于一切星象占卜法术没有不精通的。他自己觉得很了不起，总想找一个机会显露一手，于是他跑到另一个国家，抱着自己的儿子痛哭起来。有人问他："你为什么哭呢?"婆罗门说："再过七天，我这孩子就要死了。我可怜他这么小的年纪就死去，所以伤心地哭。"旁边人说："人的寿命是很难预料的事，算卦也容易出错，也许再过七天，还能活着，你为什么要预先哭呢?"婆罗门说："太阳和月亮都可能不发光，天上星斗也许会掉下来，可是我的预言是绝对不会错的。"婆罗门为骗取别人的信任，到第七天头上，便把儿子杀死，以证实自己的话。当时一些人听说他的儿子果然真的在第七天死掉，都感叹地说："他真是一个有智慧的人，说的一点没错!"大家心里十分信服他，都来向他表示敬意。

这就如同佛的四众弟子——比丘、比丘尼、优婆夷、优婆塞，因为企图想得到别人的供养，自称得道，用欺骗的方法蒙蔽一些善男信女，以伪装的慈悲品德骗人，从而使自己后来在轮回中堕落受尽痛苦。这就像这婆罗门为显示自己的预言灵验，不惜杀掉自己的儿子来欺世盗名一样。

煮黑石蜜浆喻

昔有愚人，煮黑石蜜[1]。有一富人来至其家，时此愚人便作是念："我今当取黑石蜜浆，与此富人。即著少水，用置火中，即于火上，以扇扇之，望得使冷。傍人语言："下不止火，扇之不已，云何得冷？"尔时人众悉皆嗤笑。

其犹外道，不灭烦恼[2]炽然之火，少作苦行[3]，卧棘刺上，五热炙身[4]，而望清凉寂静之道，终无是处，徒为智者之所怪笑。受苦现在，殃流来劫[5]。

【注释】

〔1〕黑石蜜：指一种用甘蔗制造而成的固体糖块。 〔2〕烦恼：烦是扰义，恼是乱义，能扰乱众生身心，令使心烦意乱的见思惑。〔3〕苦行：很艰苦的修行方法。 〔4〕五热炙身：古印度外教徒的一种苦行，在烈日下用火烤炙自己的身体。 〔5〕劫：梵语劫簸的简称，译为时分或大时，即通常年月日所不能计算的极长时间。

【译文】

火煮黑石蜜的比喻

从前有一个蠢人在煮黑石蜜，这时有一个有钱的人忽然来到他家里。当时这个蠢人心里想："我现在应该拿这黑石蜜的浆汁招待他。"于是加了一点水放在火上煮，还用扇子使劲地扇，希望石蜜快点冷却，好让浆汁早点出来。旁边的人告诉他：“你不把下面的火熄掉，反而不住地去扇，怎么会使它冷却呢？”这时大家都笑话他。

这就像那些外教徒，不消除掉那些旺盛如火的无明烦恼，只通过修苦行，睡在带刺的荆棘条上，还有的用火来炙烤自己的身体，就希望得到清凉静寂的大道，终究是不可能的。只会被有见识的人笑话。这样做，不但现在受苦，而且将来遗患无穷，永远没有解脱的可能。

说人喜瞋喻

过去有人，共多人众坐于屋中，叹一外人德行极好，唯有二过：一者喜瞋，二者作事仓卒。尔时此人过在门外，闻作是语，便生瞋恚。即入其屋擒彼道己愚恶之人，以手打扑。傍人问言："何故打也？"其人答言："我曾何时喜瞋仓卒？而此人者，道我顺喜瞋恚，作事仓卒，是故打之。"傍人语言："汝今喜瞋仓卒之相，即时现验，云何讳〔1〕之？"人说过恶而起怨责，深为众人怪其愚惑。

譬如世间饮酒之夫，耽荒酗酒，作诸放逸〔2〕，见人呵责，返生尤疾〔3〕。苦引证作，用自明白。若此愚人，讳闻己过，见他道说，返欲打扑之。

【注释】

〔1〕讳：这里指忌讳旁人指出自己的过错。　〔2〕放逸：放纵心思，任性妄为。　〔3〕尤疾：这里指责怪别人。

【译文】

评说一个人喜欢发脾气的比喻

从前有一个人，与许多人一起坐在屋里闲话，说另外一个人道德、品行都很好，只有两个缺点：一是喜欢发脾气，二是做事莽撞、欠考虑。恰好这时，那个被议论的人正好从门外走过，偏偏听到这些话，非常生气，立刻走到屋里，揪住说他有缺点的那个人，抬手就打。旁人问他："你为什么打人?"他回答说："我什么时候喜欢发脾气?我哪里莽撞?可是他偏说我喜欢发脾气和作事莽撞，所以要打他。"旁人便告诉他："你现在这个模样，正说明你确实爱发脾气和做事莽撞，现在眼前摆着，为什么怕别人说呢?"世上有一种人，一听到人家议论自己的缺点就抱怨人家不谅解，甚至责备别人，实际这是极为大家所不能谅解的愚蠢行为。

这就如社会上喜欢饮酒的人，整日沉溺在酗酒的状态里，恣情放纵，一旦人家批评，不但不接受，反而会抱怨别人，而且会极力辩护自己的行为过错。正像这个蠢人，不愿意听别人说自己的短处，听到人家议论，就要动手打人的道理一样。

杀商主祀天喻

昔有贾客欲入大海。入大海之法，要须导师，然后可去。即共求觅，得一导师。既得之已，相将发引，至旷野中，有一天祠，当须人祀，然后得过。于是众贾共思量言："我等伴党，尽是亲亲，如何可杀？唯此导师，中用祀天。"即杀导师，以用祭祀。祀天已竟，迷失道路，不知所趣，穷困死尽。

一切世人，亦复如是。欲入法海，取其珍宝，当修善法行，以为导师。毁破善行，生死旷路，永无出期。经历三涂〔1〕，受苦长远。如彼商贾，将入大海，杀其导者，迷失津〔2〕济，终致困死。

【注释】

〔1〕三涂：血涂、刀涂、火涂。血涂是畜生道，因畜生常在被杀，或互相吞食之处；刀涂是饿鬼道，因饿鬼常在饥饿，或刀剑杖逼迫之处；火涂是地狱道，因地狱常在寒冰，或猛火烧煎之处。三涂即三恶道的别名。　〔2〕津：渡口。

【译文】

商人合杀向导祭天的比喻

从前有一群商人，想渡海做买卖，而要渡海就必须请向导引路，才能成行。于是，他们就多方寻找，果然请到了一位向导。有了向导，他们便一起出发上路了。走到一处旷野地方，那里有一座天神庙，按惯例要用活人去祭祀才能通过。于是这群商人共同商量："我们结伴而行的伙伴都是亲戚，怎么可能下杀手！现在唯一跟我们没有亲属关系的就只这位向导，可以把他杀掉祭祀天神。"于是他们杀了这位向导，用他祭祀了天神。祭神完毕，他们却迷失了道路，不知该向哪儿走。结果，这些商人都在旷野中被饥困而死。

世上也有这样的人，要想到佛法的海洋去采取珍宝，就应当以修善法为先导。如果道德败坏，不依教奉行，在这如同旷野般茫茫无际的生死大海中，是永远不能超脱的。只会经历三恶道，长远受苦。就像这些商人将要渡海，却先杀掉了向导，结果迷失方向，终致困死在旷野里一样。

医与王女药令卒长大喻

昔有国王，产生一女，唤医语言："为我与药，立使长大。"医师答言："我与良药，能使即大，但今卒无，方须求索。比得药顷，王要莫看，待与药已，然后示王。"于是即便远方取药，经十二年，得药来还，与女令服，将示于王。王见欢喜，即自念言："实是良医，与我女药，能令卒长。便敕[1]左右赐以珍宝。时诸人等笑王无智。不晓筹量生来年月。见其长大。谓是药力。

世人亦尔，诣善知识[2]而启之言："我欲求道，愿见教授，使我立得。"善知识师以方便[3]故，教令坐禅[4]，观十二缘起[5]，渐积众德，获阿罗汉，倍踊跃欢喜，而作是言："快哉！大师，速能令我证最妙法。"

【注释】

〔1〕敕：这里指国王的命令。 〔2〕善知识：能教众生远离恶法修行善法的人。 〔3〕方便：随方因便，以利导人。 〔4〕坐禅：静坐修禅。禅者，梵语禅那的简称，华译为静虑，即止息妄念以便明心见性的行法。 〔5〕十二缘起：十二因缘的别名。它阐述了众生经历三世以及六道轮回次第缘起的道理。缘起是诸法众缘和合而生起的意思，具体来说就是：一、无明，过去世无始之烦恼；二、行，依过去世烦恼而作之善恶行业；三、识，依过去世善恶业而受现世受胎之

一念；四、名色，在胎中心身渐发育之位；五、六入，为六根具足将出胎之位；六、触，二三岁间，对于事物未识别苦乐，但欲触物之位；七、受，六七岁以后，对于事物识别苦乐而感受之位；八、爱，十四五岁以后，生种种强盛爱欲之位；九、取，成人以后，爱欲愈盛，驰驱诸境，取求所欲之位；十、有，依爱取之烦恼，作种种业，定当来之果之位；十一、生，依现在之业，于未来受生之位；十二、老死，于来世老死之位。

【译文】

医生给国王女儿速长药的比喻

过去有一个国王，生了一个女儿，他把医生叫来，对他说道："给我女儿吃药，使她立刻长大。"医生回答道："我要给大王的女儿吃一种好药，就可以立刻使她长大。可是现在没有，一定得到很远的地方去采药。在我找到这药之前，大王不能看女儿。一定要等她吃了药之后，你才能见她。"于是医生便到很远的地方去采药。过了十二年，才采得药回来，给王女吃了，然后带她去见国王。国王看见女儿，特别高兴，心里想："他真是一位高明的医生！我女儿吃了他的药，能够一下子就长这么大！"国王便吩咐身边的人，拿一些珍宝赏给这位医生。当时大家都讥笑国王的无知，不懂得计算一下女儿出生后经过了多少年月，看见女儿长这么大，还当真认为是药物的效力。

世上也有这样的人，当他去拜访一位有道行的人，向他说："我要求道，请你指导，好让我立刻便能得道。"这位有道行的导师，为了使他简便易学，就教他坐禅，观察流转还灭的十二缘起法。由于逐渐积累了种种修行工夫，后来果然成了罗汉。他高兴地跳起来，说道："真痛快呀！大师使我很快证得阿罗汉道这一最妙道法。"

灌甘蔗喻

昔有二人，共种甘蔗，而作誓言："种好者赏，其不好者，当重罚之。"时二人中，一者念言："甘蔗极甜，若压取汁，还灌甘蔗树，甘美必甚，得胜于彼。"即压甘蔗，取汁用溉，冀望滋味，返败种子，所有甘蔗，一切都失。

世人亦尔，欲求善福，恃己豪贵[1]，专形挟势，迫胁下民，陵夺财物，以用作福，本期善果[2]，不知将来，反获其患殃。如压甘蔗，彼此都失。

【注释】

〔1〕恃己豪贵：依仗自己有权势。 〔2〕善果：好的果报。

【译文】

浇灌甘蔗的比喻

从前有两个人一起种甘蔗，共同立下一个约定："种得好的要受奖励，种不好的要受重罚。"两人中的其中一个人，心里想："甘蔗很甜，要是压榨出甘蔗汁来，用它去浇灌甘蔗树，长出来的甘蔗一定会更加甜美。那就一定会胜过对方。"于是他就压榨甘蔗，取出汁液再浇灌甘蔗树。他本来是想让甘蔗更加甜美，结果反而损坏了甘蔗苗，种下的甘蔗全部死光了。

世上就有这样的人，他想做一些好事来培养福报，于是倚仗自己的权力与地位，专门以势压人，威胁老百姓，从中索取钱财，再用它作一些福利事业。本来期望得个好的报应，殊不知将来反而会招致灾难。这正像这种压榨甘蔗汁的人，不独损失了种植的甘蔗，结果连已有的甘蔗都损坏殆尽。

债半钱喻

往有商人，贷他半钱，久不得偿，即便往债。前有大河，雇他两钱，然后得渡。到彼往债，竟不得见，来还渡河，复雇两钱。为半钱债而失四钱，兼有道路疲劳乏困，所债甚少，所失极多，果被众人之所怪笑。

世人亦尔，要少名利，致毁大行〔1〕；苟容己身，不顾礼义。现受恶名，后得苦报。

【注释】

〔1〕大行：这里指崇高的德行和修养。

【译文】

借给别人半文钱的比喻

从前有一个商人，借给人家半个钱，好久没有得到偿还，于是他就到借钱人那儿去要账。

半路上有一条大河，要出两个钱，才能渡过河去。到了借钱人那里，却没见到，只好回来，过河又得花两个钱。这商人为了半个钱的债，用掉了四个钱，再加上路上往返的辛苦，借出去的钱很少，因要账失去的却不少。他因此被众人所笑话。

世上也有这种人，为了取得蝇头小利，不惜丧失自己的品德。为了一点私利，不顾礼义廉耻，不仅会招来恶名，而且会得到苦海无边的报应。

就楼磨刀喻

昔有一人，贫穷困苦，为王作事，日月经久，身体羸瘦。王见怜愍[1]赐一死驼。贫人得已，即便剥皮，嫌刀钝故，求石欲磨。乃于楼上得一磨石，磨刀令利，来下而剥。如是数数往来磨刀，后转劳苦，惮不能数上；悬驼上楼，就石磨刀，深为众人之所嗤笑。

犹如愚人，毁破禁戒，多取钱财，以用修福，望得生天。如悬驼上楼磨刀，用功甚多，所得甚少。

【注释】

〔1〕愍（mǐn）：同“悯”。

【译文】

往来楼上磨刀的比喻

从前有一个人，非常贫穷困苦。他给国王当了多年的差使，弄得身体很瘦弱。国王看到，觉得他很可怜，就赏给他一头死骆驼。这人得到这匹死骆驼，打算剥掉骆驼皮。可是剥皮的刀子太钝，遍处找磨刀石磨刀。后来在楼上找到，他磨快了刀子，下楼来剥皮。这样反复上楼下楼往来磨刀，弄得疲惫不堪，他担心不能继续上下爬楼，于是就干脆把骆驼吊上楼，挨着磨刀石磨刀。这样做，深为大家所讥笑。

像那些愚蠢的修行者，不守清规做犯戒的事，用各种手段牟取钱财，再用这些钱来做好事，希望可以得到升天的好报。这就像为了磨刀的方便把骆驼吊上楼去，气力花了不少，但得到的方便却不多一样。

乘船失釪喻

昔有人乘船渡海，失一银釪[1]，堕于水中，即便思念：“我今画水作记，舍之而去，后当取之。”行经二月，到师子[2]诸国，见一河水，便入其中，觅本失釪。诸人问言：“欲何所作？”答言：“我先失釪，今欲觅取。”问言：“于何处失？”答言：“初入海失。”又复问言：“失经几时？”言：“失来二月。”问言：“失来二月，云何此觅？”答言：“我失釪时，画水作记。本所画水，与此无异，是故觅之。”又复问言：“水虽不别，汝昔失时，乃在于彼，今在此觅，何由可得？”尔时众人无不大笑。

亦如外道，不修正行[3]，相似善[4]中，横计苦困，以求解脱。犹如愚人，失釪于彼，而于此觅。

【注释】

〔1〕釪：用金属制作的盆子，即钵盂，僧人的食器。 〔2〕师子：国名，今斯里兰卡。 〔3〕正行：修行中的主要功夫。 〔4〕相似善：指与菩萨位相应的思想和行为。

【译文】

乘船丢失银钵盂的比喻

从前有一个人乘船渡海，不小心把一个银钵盂掉进水里。

他想：“我现在对着水面在船边划一个记号，暂时不去管它，以后有时间再捞取。”过了两个月，到了师子国，看到一条河，便跳进去寻找那失去的银钵盂。众人问他：“你这是干什么？”他回答说：“我早先丢失一个银钵盂，现在想找回它。”众人又问：“你是在什么地方丢失的？”他回答说：“船刚入海时丢失的。”又问：“丢失多少时间了？”回答说：“丢失快两个月了。”众人说：“丢失两个月，为什么在这里找呢？”他回答说：“我丢失银钵盂时，曾对着水面在船边上划了一个记号。这里的水面和我划记号的水面完全一样，所以在这里找它。”众人说：“这里的水面和你丢失银钵盂地方的水面虽然没有区别，但你丢东西是在那个地方，现在找东西却在这个地方，哪里找得到呢？”大家都笑话他。

就像外教徒一样，不修正行，只觉得自己所修方法与正行很相像，便把一些苦行看成是正常的修行方法，以此去求解脱。这正和蠢人把银钵盂失落在那海里，却在这河里寻找，是没有什么区别的。

人说王纵暴喻

昔有一人，说王过罪，而作是言："王甚暴虐，治政无理。"王闻是语，即大瞋恚，竟不究悉谁作此语，信傍佞[1]人，捉一贤臣，仰使剥脊[2]，取百两肉。有人证明，此无是语。王心便悔，索千两肉，用为补脊。夜中呻唤，甚大苦恼。王闻其声，问言："何以苦恼？取汝百两，十倍与汝，意不足耶？何故苦恼？"傍人答言："大王，如截子头[3]，虽得千头，不免子死；虽十倍得肉，不免苦痛。"

愚人亦尔，不畏后世，贪得现乐，苦切众生，调发百姓，多得财物，望得灭罪，而得福报。譬如彼王，割人之脊，取人之肉，以余肉补，望使不痛，无有是处。

【注释】

〔1〕佞：善于花言巧语、阿谀奉承的人。 〔2〕仰使剥脊：仰，命令，剥脊，割背上的肉。 〔3〕截子头：砍下他的头。

【译文】

议论国王暴虐的比喻

从前有一个人，议论国王的罪过，他这样说："国王非常凶残暴虐，治国无道。"国王听到这话，立即大发雷霆，也不问究竟是谁说的，只听信身边惯于阿谀奉承的小人挑唆，就把一个贤臣抓起来，下令把他脊背割开，取下一百两肉。后来有人证明这个贤臣并没有说过国王的坏话，国王心里非常后悔，就给这个贤臣一千两肉，用来补偿他的脊背。这个贤臣在夜里呻吟不止，十分痛苦。国王听见了，问道："你还有什么痛苦？我从你背上只取了一百两肉，已十倍的还给了你，你为什么还苦恼？是不是还不满足呢？"旁边的人回答："大王，如果砍掉一个人的头，就是还他一千颗头，也不能使这个人免死。你虽然给了十倍的肉，可是他还是免不了痛苦。"

蠢人就是这样，不怕后果，只贪图眼前快乐，不惜陷害很多人。后来用搜刮的钱来作施舍，想用这些多得的财物消灭先前的罪状，从而得到好的报应。就像这位国王，剥开人家的脊背，割取人家的脊肉，后来再拿从别处得来的肉十倍补偿人家，要想让人不痛，这是办不到的。

妇女欲更求子喻

往昔世时，有妇女人，始有一子，更欲求子，问余妇女："谁有能，使我重有子?"有一老母语此妇言："我能使尔求子可得，当须祀天。"问老母言："祀须何物?"老母语言："杀汝之子，取血祀天，必得多子。"时此妇女，便随彼语，欲杀其子。傍有智人，嗤笑骂詈[1]："愚痴无智，乃至如此！未生子者，竟可得不，而杀现子。"

愚人亦尔，为未生乐，自投火坑，种种害身，为得生天。

【注释】

〔1〕詈（lì）：骂、责备。

【译文】

妇女想再生儿子的比喻

从前有一个妇女，已经生了一个儿子，但还想再生一个儿子，就去问别的妇女："谁有办法能让我再得个儿子?"一个老太婆告诉她："我有办法可以让你再生儿子，不过你必须祭祀天神。"她问老太婆："祭祀天神需要用什么东西?"老太婆说："把你儿子杀了，用他的血来祭祀天神，一定会再生很多儿子。"这个妇女听了，就依照她的吩咐，准备杀掉自己的儿子。

旁边有一位有头脑的人，嗤笑责骂她："怎么糊涂到这种地步！儿子还没有生下来，将来能不能生，现在还不知道，却要杀掉现在已经生下的儿子！"

蠢人就是这样，为了得到未发生的快乐，自己先往火坑里跳，做种种苦行损害自己身体的事，就是为了将来生到美好的天上。

入海取沉水喻

昔有长者[1]子，入海取沉水[2]，积有年载，方得一车。持来归家，诣市卖之。以其贵故，卒无买者。经历多日，不能得售，心生疲厌，以为苦恼。见人卖炭，时得速售，便生念言："不如烧之作炭，可得速售。"即烧为炭，诣市卖之，不得半车炭之价直。

世间愚人，亦复如是。无量[3]方便，勤行精进，仰求佛果[4]。以其难得，便生退心。不如发心，求声闻果[5]，速断生死，作阿罗汉。

【注释】

〔1〕长者：佛教称具备十德人。十德指姓贵、位高、行净、礼备、上叹、下归等。 〔2〕沉水：即沉香。这种木黑色芳香，脂膏凝结为块，入水能沉。 〔3〕无量：多到不可计量。 〔4〕佛果：佛的果位。 〔5〕声闻果：指修佛教小乘法，闻佛之声教，悟四谛之理，断见思二惑，而获取的成就。

【译文】

到大海采集沉香木的比喻

从前有一位长者的儿子，到大海里去采集沉于水下的香木，经过了好几年，才收集到一车。拉回家后，送到集市上去卖，因为价钱太贵，始终没有人过问。经过好多天，这车香木还没卖掉，他感到十分烦恼，心里很苦恼。他看到那些卖炭的，很快就卖掉了。心里就想："我不如把这沉香木烧成木炭，必定会很快卖掉！"于是他把这沉香木一起烧成木炭，送到集市上去卖，结果得到的钱还抵不上半车木炭的价钱。"

世上的蠢人也是这样，在广大圆融的佛教教义中，为了上求佛果，坚持精进修行。后来由于感到成佛太艰难，就产生退转的念头，便不再发心修大乘，而改修小乘的声闻法，以达迅速了脱生死轮回之苦，做一个自了阿罗汉。

贼偷锦绣用裹氎褐喻

昔有贼人，入富家舍，偷得锦绣，即持用裹故弊氎褐[1]种种财物，为智人所笑。

世间愚人，亦复如是。既有信心，入佛法中，修行善法及诸功德[2]。以贪利故，破于清净戒[3]及诸功德，为世所笑，亦复如是。

【注释】

〔1〕氎（lǘ）褐：指粗糙的布衣。　〔2〕功德：功指善行，德指善心。如世人拜佛诵经布施供养等，都叫功德。　〔3〕清净戒：指佛教徒为远离世俗烦恼而必须遵守的戒律。

【译文】

小偷用绸缎包破烂衣物的比喻

从前有一个小偷，潜入有钱人家的房里行窃，他偷到一些绫罗锦缎及刺绣之类的精美制品，用来包裹自己破旧的粗布衣物，受到聪明人的讥笑。

世间的蠢人也是这样。既然有信心进入佛门修行正法，作一些有利于大众的事业，但由于贪图财物和利己的缘故，不能保持清净的戒律和作种种利益大家的事，这必定被社会上的人所讥笑，正像这个小偷的行为。

种熬胡麻子喻

昔有愚人，生食胡麻子[1]，以为不美，熬而食之为美，便生念言："不如熬而种之，后得美者。"便熬而种之，永无生理。

世人亦尔。以菩萨旷劫修行，因难行苦行，以为不乐，便作念言："不如作阿罗汉，速断生死，其功甚易。"后欲求佛果，终不可得。如彼燋种，无复生理。世间愚人亦复如是。

【注释】

〔1〕胡麻子：即今油麻。汉朝张骞从西域大宛得到油麻种子，故名胡麻子。

【译文】

种植炒熟胡麻子的比喻

从前有一个蠢人，吃了生的胡麻子，觉得味道不好，就炒熟了来吃，这下觉得味道不错。他心里想："我为什么不把生胡麻子炒熟再种，以后结的胡麻子就可以得到好味道。"于是他就炒熟了种下去，胡麻苗始终没有生长出来。

世上也有这样的人，认为菩萨修行要花很久很久的时间，还要做别人做不到而自己一定要做到的苦行，这是多么不轻松的事情，所以就产生了这样的想法："不如做个阿罗汉，尽快地了脱生死，修证的功夫比较容易把握。”以后再想去求更高的佛果，就不能到达了。这个道理就像把炒焦了的胡麻子用作种子而永远不能生出胡麻一样。世上的蠢人也是如此。

水火喻

昔有一人，事须火用，及以冷水。即便宿火，以澡盥盛水，置于火上。后欲取火，而火都灭；欲取冷水，而水复热。火及冷水，二事俱失。

世间之人，亦复如是。入佛法中，出家求道。既得出家，还复念其妻子、眷属、世间之事、五欲〔1〕之乐。由是之故，失其功德之火、持戒之水。念欲之人亦复如是。

【注释】

〔1〕五欲：一是指色、声、香、味、触。色是指美丽的色相；声是指婉转的声音；香是指芬芳的香气；味是指可口的味觉；触是指适意的触乐。以上五者因能使人生起贪欲之心，故名五欲。二是指财欲、色欲、饮食欲、名欲、睡眠欲。

【译文】

留冷水和火过夜的比喻

从前有一个人，办事需要用火和冷水，于是他把火封好过夜，并用澡盆装了水放在火上。后来他要取火，可是火已经被压灭了；再要取冷水，因为火的余温，把水却温热了。这样他要用的火和冷水两样都没有得到。

世上也有这样的人。他皈依了佛法，出家求道。可是出家之后，又惦念着老婆、孩子和俗家生活，以及利、名、色、食、睡等五欲的快乐。由于这个缘故，就丧失了去恶求善的火种，信守戒条的清凉之水。贪五欲的出家人也同样是这样。

人效王眼瞤喻

昔有一人，欲得王意，问余人言："云何得之？"有人语言："若欲得王意者，王之形相，汝当效之。"此人即便往至王所，见王眼瞤，便效王瞤[1]。王问之言："汝为病耶？为著风耶？何以眼瞤？"其人答王："我不病眼，亦不著风，欲得王意，见王眼瞤，故效王也。"王闻是语，即大瞋恚，即便使人种种加害，摈令出国。

世人亦尔。于佛法王，欲得亲近，求其善法，以自增长。既得亲近，不解如来法王为众生故，种种方便，现其阙短。或闻其法，见有字句不正，便生讥毁，效其不是。由是之故，于佛法中，永失其善，堕于三恶[2]。如彼效王，亦复如是。

【注释】

〔1〕瞤：眼跳。　〔2〕三恶：地狱、饿鬼、畜生。地狱属上恶，饿鬼属中恶，畜生属下恶。

【译文】

仿效国王眨眼的比喻

从前有一个人，想讨国王的欢喜，便问别人："有什么办法可以讨得国王的高兴？"人家告诉他："如果想讨得国王的高兴，国王做什么，你就跟着做什么。”于是这人就到国王跟前，看见国王眨眼，于是他也眨眼。国王看到就问他：“你是生病了还是怎么呢？是抽风还是怎么呢？怎么尽眨眼？”他回答说：“我眼没有毛病，也不抽风。只想让大王高兴，我看见大王在眨眼，所以也跟着眨眼。”国王听了他这么一说，马上发起火来，立刻教人狠狠地惩罚他，并下令把他赶出国去。

世上也有这样的人。知道佛已于诸法得自在，是诸法之王，希望亲近受教，以求得好的开示，来增进自己的道行。可是亲近了佛法，却不能领会佛为了众生，处处以善巧方便说法，不免会出现不完整之处，于是听到宣讲佛法时，有一些不正确的地方，就加以讥讽毁谤，专门仿效一些偏差之处。由于这个原因，于佛法中将永远得不到受用，反而会堕落到地狱、饿鬼、畜生三恶道，受尽苦难。就像这学国王眨眼的蠢人一样。

治鞭疮喻

昔有一人，为王所鞭。既被鞭已，以马屎拊之，欲令速差。有愚人见之，心生欢喜，便作是言：“我快得是治疮方法。”即便归家，语其儿言：“汝鞭我背，我得好法，今欲试之。”儿为鞭背，以马屎拊之，以为善巧。

世人亦尔，闻有人言：“修不净观[1]，即得除去五阴身疮[2]。”便作是言：“我欲观于女色及以五欲。”未见不净，返为女色之所惑乱，流转生死，堕于地狱。世间愚人，亦复如是。

【注释】

〔1〕不净观：即观察自己和他人的身体皆污秽不净，可治贪欲。

〔2〕五阴身疮：即五蕴，指色、受、想、行、识之五阴色身，具有眼、耳、鼻、舌、口、大小便道有漏不净的疮门。

【译文】

治疗鞭伤的比喻

从前有一个人，被国王用鞭子打了。打完之后，就用马粪涂在伤口上，想使它早点长好。有个蠢人看到之后，心里高兴，便这样想到：“我很快就学到一个迅速治好疮伤的药方。”赶紧回到家里，告诉他的儿子：“你用鞭子抽打我的后背，我得到一个好方子，现在想试一试。”他儿子就用鞭子抽打他脊背，然后用马粪敷在伤口上，他自以为得到一个很好的妙方。

世间有人也是这样，听人说，修习不净观，就可以除去自己身心的贪着五欲之疮。他就这样想："我现在就来修习不净观，专观女色以及其他色、声、香、味、触五境能引起贪欲心的五欲。"未看到不净却修不净观，反而受到女色的迷惑，沉沦生死，长受地狱之苦，这种做法跟自求鞭笞再用粪敷疮的蠢人没有两样。

为妇贸鼻喻

昔有一人，其妇端正，唯其鼻丑。其人出外，见他妇女，面貌端正，其鼻甚好，便作念言："我今宁可截取其鼻，著我妇面上，不亦好乎？"即截他妇鼻，持来归家，急唤其妇："汝速出来，与汝好鼻。"其妇出来，即割其鼻，寻以他鼻，著妇面上。既不相著，复失其鼻，唐[1]使其妇受大苦痛。

世间愚人，亦复如是。闻他宿旧沙门[2]、婆罗门，有大名德[3]，而为世人之所恭敬，得大利养，便作是念言："我今与彼，便为不异。"虚自假称，妄言有德，既失其利，复伤其行。如截他鼻，徒自伤损。世间愚人，亦复如是。

【注释】

〔1〕唐：空。　〔2〕宿旧沙门：指过去的高级僧侣婆罗门。〔3〕大名德：指由政府任命的管理僧尼的僧官。

【译文】

为妻子换鼻子的比喻

从前有一个人，他的妻子长得很端庄，只是鼻子不好看。有一次，这个人外出，看见一个女人面貌生得很漂亮，尤其是那个鼻子长得好美。心里便想："我若把她的鼻子割下来，安在我老婆脸上，那该多好呀!”于是他把那女人的鼻子割下来，捧回家中，急急忙忙地喊他老婆，说：“你快出来，我给你换一个好鼻子。”他老婆刚一出来，他就赶紧把他老婆的鼻子割下来，再把带回来的那只鼻子安在他老婆脸上。可是怎么也安不上去。结果使他的老婆不仅丢掉了鼻子，并且白白地受了极大的痛苦。

世间的蠢人也是这样。听说过去的修行人婆罗门教的僧侣，享有“大德”的盛名，从而受到社会人士的尊敬，还得到丰厚的供养。便这样念叨：“我现在与他们并没有什么不同。”遂自吹自擂，胡说自己是有德行的人。这样做，既未得到自己所希求的利益，又损害了自己的品行。如同割下别人的鼻子替代的行为一样，只会白白地伤害自己和他人。世上愚蠢的人，也同样是如此。

贫人烧粗褐衣喻

昔有一人，贫穷困乏，与他客作，得粗褐衣，而被著之。有人见之，而语之言："汝种姓[1]端正，贵人之子，云何著此粗弊衣褐？我今教汝，当使汝得上妙衣服，当随我语，终不欺汝。"贫人欢喜，敬从其言。其人即便在前然火，语贫人言："今可脱此粗褐衣，著于火中，于此烧处，当使汝得上妙钦服[2]。"贫人即便脱著火中，既烧之后，于此火处，求觅钦服，都无所得。

世间之人，亦复如是。从过去身，修诸善法，得此人身，应当保护，进德修业，乃为外道邪恶妖女之所欺诳："汝今当信我语，修诸苦行，投岩赴火，舍是身已，当生梵天[3]，长受快乐。"便用其语，即舍身命。身死之后，堕于地狱，备受诸苦。既失人身，空无所获。如彼贫人，亦复如是。

【注释】

〔1〕种姓：古代印度社会的一种阶级划分制度。这里指印度四种姓之中较高等级的阶层。　〔2〕钦服：指具有一定档次的服装。〔3〕梵天：色界之初禅天名。因此天无欲界的淫欲，寂静清净，故名梵天。此天共有三天，即梵众天、梵辅天、大梵天，通常所说的梵天

是指大梵天王，名叫尸弃。

【译文】

穷人烧粗劣衣服的比喻

从前有一个人，非常贫穷。他给人家做活，得到一件粗麻布衣，便把它穿在身上。有一个人见了，便对他说：“你出身高贵，是贵族的子孙，为什么要穿这样粗劣的衣服？我现在教你一个办法，能让你获得一件上等优质的衣服。不过要照我说的做，绝对不会骗你。”穷人听了，非常高兴，表示愿意听从他的吩咐。那人就在穷人面前点起一堆火，对他说：“现在你快把那粗麻布衣裳脱下来，扔到火里去。烧过之后，你就能在烧掉衣裳的火堆里，得到一件上等优质的衣服。”穷人照他的嘱咐把衣服脱掉扔到火里。衣服烧掉之后，在火堆里寻找上等优质的衣服，结果什么衣服也没有找到。

世间有些人也是这样。从过去世修各种善行，才得到今生的人身，本应累积功德，努力修持善行。但却听信了外道、神汉、巫婆骗人的妄语：“你现在要相信我的话，修各种苦行，或从高崖上往下跳，或投烈火中焚身，舍去现有的身体后，才能超生天界，永远享受各种快乐。”因听从了这些骗人的鬼话，舍掉了现在的身体和性命。这样的邪见使他身死之后，自然堕落在地狱中受各种苦难。不仅失掉人身，而且一无所得。正像那个穷人所做的蠢事。

牧羊人喻

昔有一人，巧于牧羊。其羊滋多，乃有千万；极大悭贪，不肯外用。时有一人，善于巧诈，便作方便，往共亲友而语之言：“我今共汝极成亲爱，便为一体，更无有异。我知彼家有一好女，当为汝求，可用为妇。”牧羊之人闻之欢喜，便大与羊及诸财物。其人复言：“汝妇今日已生一子。”牧羊之人，未见于妇，闻其已生，心大欢喜，重与彼物。其人后复而语之言：“汝儿生已，今死矣。”牧羊之人闻此人语，便大啼泣，嘘欷[1]不已。

世间之人，亦复如是。既修多闻[2]，为其名利，秘惜其法，不肯为人教化演说。为此漏身[3]之所诳惑，妄期世乐。如己妻息，为其所欺，丧失善法，后失身命并及财物，便大悲泣，生其忧苦。如彼牧羊之人，亦复如是。

【注释】

〔1〕嘘欷：叹息悲伤。　〔2〕修多闻：指多听经法说教并受持。〔3〕漏身：指身心烦恼流注漏泄而不止。

【译文】

牧羊人的比喻

从前有一个人，很会牧羊。他养的羊繁殖得很快，不久就有成千上万。但他很吝啬，从来不肯送一只羊给别人。当时有一个非常狡诈的人，便设了一个圈套，和牧羊人交上朋友。对他说："我和你现在已经是最要好的朋友，就像一个人一样不分彼此。我知道有户人家有一位漂亮的姑娘，我把她求来给你做妻子。"牧羊人听了这话，心里十分高兴，就给了他很多的羊和各种财物。隔了一阵子，这人又对他说："你那个妻子今天已经生了一个孩子。"牧羊人还没见过自己的老婆，就听说已经生了孩子，更加欢喜，又给了他好多东西，没多久，这人又告诉牧羊人："你的孩子已出生，现在死了。"牧羊人听了这话，大哭起来，悲痛不已。

世间之人也是这样，广泛研习了经教，却为了自己的名利，隐匿正法，不肯将学识传给别人，不愿演说佛教真实义理而作法施。这是为漏身躯所迷惑，妄求世间福乐，竟将人家的妻儿当作自己的妻儿，这是为私心杂念所欺哄蒙蔽，以致一切善法都跟自己远离了。到后来失去了身体性命以及珍爱的财物，就极为悲伤难过，处于忧愁痛苦的境地中。这与牧羊人受人蒙哄摆布是没有什么不同的。

雇倩瓦师喻

昔有婆罗门师，欲作大会，语弟子言："我须瓦器，以供会用。汝可为我雇倩[1]瓦师，诣市觅之。"时彼弟子，往瓦师家。时有一人。驴负瓦器，至市欲卖。须臾之间，驴尽破之；还来家中，啼哭懊恼。弟子见已，而问之言："何以悲叹懊恼如是？"其人答言："我为方便，勤苦积年，始得成器。诣市欲卖。此弊恶驴，须臾之顷，尽破我器，是故懊恼。"尔时弟子见闻是已，欢喜而言："此驴乃是佳物，久时所作，须臾能破，我今当买此驴。"瓦师欢喜即便卖与。乘来归家，师问之言："汝何以不得瓦师将来，用是驴为？"弟子答言："此驴胜于瓦师。瓦师久时所作瓦器，少时能破。"时师语言："汝大愚痴，无有智慧。此驴今者，适可能破；假使百年，不能成一。"

世间之人，亦复如是。虽千百年受人供养，都无报偿，常为损害，终不为益。背恩之人，亦复如是。

【注释】

〔1〕倩：这里表示请的意思。

【译文】

雇请陶匠的比喻

从前有一位婆罗门师，想举行一次盛大的法会，吩咐他的弟子说："我需要一些陶器，供法会使用。你到集市上替我请一位陶匠来。"于是弟子遵命往陶匠家。这时那陶匠，正赶着一头毛驴驮着陶器到集市上去卖，忽然，那头毛驴把所驮的陶器全打破了。陶匠回到家后，十分懊恼，伤心地直哭。弟子看到这样，就问他："你为什么伤心成这个样子？"那人答道："我辛辛苦苦经营了几年，才造出这些陶器。本来打算到集市上去卖，不料被这头坏毛驴一下子把我的陶器全打破了！因此十分苦恼！"弟子听了这话，心中高兴，他想："这头毛驴真是好东西。陶匠用了那么长时间做出的东西，它一会儿就能全部打破。我现在应当把这头毛驴买下来。"于是陶匠高兴地把这头毛驴卖给他。弟子骑着毛驴回到家中，师傅问他："你怎么不把陶匠请来。弄这头毛驴来干什么用？"弟子回答说："这头毛驴大大超过了陶匠。陶匠费了不少时间做出来的陶器，它一会儿工夫就能全部打掉。"这时师傅说："你真蠢，太没脑子了！这头毛驴破坏起来是行的，可你要是给它一百年的时间，它都造不出一件陶器来。"

世间有的人也是这样，千百年来，一直在受人供养，却不知道报答，反而常常作一些伤害人的事，从不去做好事。忘恩负义的人也是这样。

估客偷金喻

昔有二估客[1]，共行商贾，一卖真金，其第二者卖兜罗绵[2]。有他买真金者，烧而试之。第二估客即便偷他被烧之金，用兜罗绵裹。时金热故，烧绵都尽。情事既露，二事俱失。

如彼外道，偷取佛法，著己法中，妄称己有，非是佛法。由是之故，烧灭外典[3]，不行于世。如彼偷金，事情都现，亦复如是。

【注释】

〔1〕估客：即商人。　〔2〕兜罗绵：由兜罗树果中生长出来的木棉。　〔3〕外典：指佛教以外的典籍。

【译文】

商人偷金子的比喻

从前，有两个商人一起合伙做买卖。其中一个人卖金子，另外一个人卖兜丝绵。有一位顾客来买金子，把金子放在火上试烧，看看是真是假。那卖兜丝绵的商人便趁机偷得了这试烧的金子，用兜丝绵裹着藏起来。但由于金子被火烧得很热，裹上之后，把兜丝绵都烧光了。由于事情败露了，他不但没有把金子偷到手，反而兜丝绵也赔上了。

就像那些外教徒，剽窃了一些佛法，吸收到自己的教法中，并错误地声称是他教中原来就有的，不是出于佛法。正由于这样，人们最终会发现，并烧毁这些外教派的书籍，使其不再流传于世。正像那个偷金子的人，事情暴露，金、绵俱失一样。

斫树取果喻

昔有国王，有一好树，高广极大，当生胜果，香而甜美。时有一人，来至王所，王语之言："此之树上，将生美果，汝能食不?"即答王言："此树高广，虽欲食之，何由能得?"即便断树望得其果。既无所获，徒自劳苦。后还欲竖，树已枯死，都无生理。

世间之人，亦复如是。如来[1]法王有持戒树[2]，能生胜果，心生愿乐，欲得果食，应当持戒，修诸功德。不解方便，返毁其禁。如彼伐树，复欲还活，都不可得。破戒之人，亦复如是。

【注释】

〔1〕如来：佛十号之一，因佛乘真如之道，来成正觉，来三界垂化。　〔2〕戒树：这里以树比喻持戒生长功德果实。

【译文】

砍树摘果子的比喻

过去有一个国王，他有一棵珍贵的果树，高大茂盛，经常结满香甜的果子。这时有一个人来到国王住的地方，国王跟他说："这树上很快就要结好吃的果子，你想吃吗?"那人回答说："这棵树既高又大，虽然我想吃果子，但是有什么办法能得到呢?”于是国王就令人把树砍倒，指望得到树上的果子，结果一无所获，白劳累了一番。后来国王想要把这棵树重新栽起来，可是树已枯死，再也无法复活。

世间之人，也是这样。如来法王所制持戒功德利益很多，好像一棵很大的果树，它会长出优异的果子。我们如果发出愿心，希望能得到这果子吃，就应当持戒，做种种功德事。可是有的人不懂这道理，不去持戒，反而毁戒。这正像国王砍树求果，又期望树能够复活，结果什么都没有得到。破戒的人，也同样是这样的结果。

送美水喻

昔有一聚落，去王城五由旬[1]，村中有好美水，王敕村人，常使日日送其美水。村人疲苦，悉欲移避，远此村去。时彼村主，语诸人言："汝等莫去，我当为汝白王，改五由旬作三由旬，使汝得近，往来不疲。"即往白王。王为改之，作三由旬。众人闻已，便大欢喜。有人语言："此故是本五由旬，更无有异。"虽闻此言，信王语故，终不肯舍。

世间之人，亦复如是。修行正法，度于五道[2]，向涅槃城[3]，心生厌惓，便欲舍离，顿驾生死，不能复进。如来法王有大方便，于一乘[4]法，分别说三。小乘[5]之人，闻之欢喜，以为易行，修善进德，求度生死。后闻人说，无有三乘[6]，故是一道，以信佛语，终不肯舍。如彼村人，亦复如是。

【注释】

〔1〕由旬：印度古代计算路程远近的单位。一由旬为军队一日行军的里程。　〔2〕五道：指地狱、饿鬼、畜生、阿修罗、人、天六道而除阿修罗道。此五道说应为说一切有部的看法，即将阿修罗道含摄于饿鬼道中。　〔3〕涅槃城：（喻）涅槃乃是圣者所居的都城。《大智度论》说："诸法实相是涅槃城。城有三门：空、无相、无作。"〔4〕一乘：唯一能令人成佛的教法。　〔5〕小乘：声闻缘觉的法门，

以修身自利为宗旨，其最高果位为阿罗汉果及辟支佛果。声闻乘修四谛法，自凡夫至阿罗汉，论时间，速者三生，迟者六十劫，其修行的方便有七，得果有四。 〔6〕三乘：一、声闻乘、缘觉乘、菩萨乘。声闻乘又名小乘，其行人速则三生，迟则六十劫间，修空法，终于闻如来声教，悟四谛之理，断见思惑，可证阿罗汉果；缘觉乘又名中乘，其行人速则四生，迟则百劫间，破无明，终于悟十二因缘之理，可证辟支佛果；菩萨乘又名大乘，其行人于无数劫间，修六度行，更于百劫间，值三十二相福因，可证无上佛果。二、小乘、中乘、大乘。小乘即声闻乘，中乘即缘觉乘，大乘即菩萨乘。

【译文】

送好水给国王的比喻

从前有一个村子，离王城有五由旬的路程。这个村子的水很好，所以国王命令村民每天要给他送水。村里的人不堪劳苦，大家都想搬走，远离这个村子。这时村长告诉大家说："你们别走，我一定为你们向国王请求，把五由旬的路程改作三由旬的路程，让你们送水离王城近一些，往返也就不太累了。于是村长就去向国王报告，国王就把五由旬改作三由旬的路程。大家听了，都特别高兴。但有一人说："这本来就是五由旬的路程，改了也没什么不同。"大家虽然听了，但还是相信国王的话，结果大家还是没搬走。

世间的人也是这样。修行正法，出离"天、人、畜生、饿鬼、地狱"五道，趋向不生不灭的涅槃妙果，感到困难疲乏，心生退转，就想舍离，对于顿时出离生死大法，不能坚持修习。佛能契机契理地根据各人根性不同，分作小、中、大三个阶段，使佛法成为连续前进的三乘法。具有小乘根性之人听了很欢喜，认为这是一条易行的道路。他就依小乘法、修善进德，以求出离三界解脱生死。后来虽听人说三乘法是前后连贯的一乘法。但他还是以佛说的小乘法为依据，不肯舍去小乘转向大乘，这就像村民只听信国王的话一样。

宝箧镜喻

昔有一人，贫穷困乏，多负人债，无以可偿。即便逃避，至空旷处。值箧[1]，满中珍宝。有一明镜，著珍宝上，以盖覆之。贫人见已，心大欢喜，即便发之。见镜中人，便生惊怖，叉手语言："我谓空箧，都无所有，不知有君在此箧中，莫见瞋也。"

凡夫之人，亦复如是。为无量烦恼之所穷困，而为生死、魔王、债主之所缠著。欲避生死，入佛法中，修行善法，作诸功德。如值宝箧，为身见镜之所惑乱，妄见有我，即便封著，谓是真实。于是堕落，失诸功德、禅定[2]、道品[3]、无漏[4]诸善、三乘道果[5]，一切都失。如彼愚人，弃于宝箧。著我见者，亦复如是。

【注释】

〔1〕值箧（qiè）：这里指偶然看见小箱子。 〔2〕禅定：即禅那，华译为静虑，即是止观不二或定慧不二的境界。 〔3〕道品：道法的品类。 〔4〕无漏：清净没有烦恼的意思。 〔5〕三乘道果：指通过修持声闻乘、独觉乘、菩萨乘而获取的成就。

【译文】

宝箱中明镜的比喻

从前有一个人，贫穷潦倒，欠了别人许多债，没法偿还。

于是只好逃到荒野郊外躲债，在那里碰巧发现一只装满了珍宝的箱子。珍宝上面盖着一面镜子。这个穷人看到以后，心里一阵高兴，马上把它打开，一眼看到镜子里有一个人，非常害怕，赶紧拱手说："我以为是一只空箱子，什么都没有，实在不知道你在这箱子里，千万别生气呀!"

世上凡人，也大都是这样。他们由于过多的物质欲望而导致无法摆脱的种种困扰，从而被生死、磨难、债务所纠缠，摆脱不开。想要了脱生死之苦，于是进入佛门，修行善法，作各种功德，如同穷人发现装满珍宝的箱子一样。却因为被镜子照见的自己所迷惑，错以为镜中的形象就是真人，便把箱子封存起来，以为有人看守箱子里的宝物，不敢再去动它。正好比那些进入佛门的人再次堕落，不再作诸功德，那些修习禅定的成果，离于生死的各种善法和小中大三乘的诸位道果也都全部丧失了。这跟前面那个蠢人错认镜中形象是真人而舍弃珍宝箱子一样。执著身见我见的人也同属此类。

破五通仙眼喻

昔有一人，入山学道，得五通[1]仙，天眼彻视，能见地中一切伏藏[2]、种种珍宝。国王闻之，心大欢喜，便语臣言："云何得使此人常在我国，不余处去，使我藏中得多珍宝?"有一愚臣，辄便往至，挑仙人双眼，持来白王："臣以挑眼，更不得去，常住是国。"王语臣言："所以贪得仙人住者，能见地中一切伏藏。汝今毁眼，何所复任?"

世间之人，亦复如是。见他头陀[3]苦行，山林、旷野、冢间、树下，修四意止[4]及不净观。便强将来，于其家中，种种供养，毁他善法，使道果不成，丧其道眼，已失其利，空无所获。如彼愚臣，唐毁他目也。

【注释】

〔1〕五通：五种神通：即天眼通、天耳通、神足通、他心通、宿命通。　〔2〕伏藏：埋藏于地下的宝藏。　〔3〕头陀：华译为抖擞，即抖擞衣服、饮食、住处等三种贪着的行法，修头陀行者要遵守十二条规则，称为十二头陀。俗称行脚乞食的僧人为头陀，亦称行者。
〔4〕四意止：又称四正勤，为三十七道品中次四念处所修之行品。一、已生恶令永断；二、未生恶令不生；三、已生善令增长；四、未生善令得生。一心精进，行此四法，故名四正勤。

【译文】

挖去神通仙人眼睛的比喻

从前有一个人，到深山里去学道，修炼五种神通仙法，获得了天眼通，能透过地面看清地下埋藏的各种宝物。国王听说有这么一个人心里非常高兴，就对他的大臣们说："怎样才能让这个人长期留在我国，不会到别的地方去，好让我们的国库能不断增加大量宝物?"有一个愚蠢的大臣，不加考虑就跑到那有天眼通的人的住处，把他的两只眼睛挖了出来，拿来见国王，说道："我现在已经把他的两只眼睛挖了出来，他再没有办法到别处去了，只能一直住在我国。"国王对他说："我所以要仙人能够留在这里，就是希望他能发现地下埋藏的宝物。你现在把他的眼睛挖了出来，他住在这里还有什么用?"

世间不明事理的人也和这一样。看见专门修习苦行的头陀修行者，在深山老林里、荒郊旷野处、大树底下、坟墓间，修习四意止和不净观等等苦行，就硬把他拉到自己家里，好生供养起来。却不知道这样做就毁坏了这位苦行头陀者的善法，使他不能继续用功成就道果。既丧失了他的道眼，也就失去了他既得的利益，从而于己于人都一无所得。这正和那愚蠢的大臣荒唐地毁坏了五通仙人的双眼一样。

杀群牛喻

昔有一人，有二百五十头牛，常驱逐水草随时喂食。时有一虎，啖[1]食一牛。尔时，牛主即作念言："已失一牛，俱不全足，用是牛为?"即便驱至深坑高岸，排著坑底，尽皆杀之。

凡夫愚人，亦复如是。受持如来具足之戒[2]，若犯一戒，不生惭愧，清净忏悔，便作念言："我已破一戒，既不具足，何用持为?"一切都破，无一在者。如彼愚人，尽杀群牛，无一在者。

【注释】

〔1〕啖（dàn）：吃。　〔2〕具足之戒：指出家人须受持所受的戒律。

【译文】

杀一群牛的比喻

从前有一个人，养了二百五十头牛，他经常赶着这群牛到水草茂盛的地方，随时有草料喂养他们。有一回，一只老虎吃掉了他的一头牛。这时牛主人想："已经失去一头牛了，也不成整数了，我还留下这些牛有什么意思?"于是就把牛一齐赶到一个深坑的边沿，把它们一头头都推到坑底，一齐杀死了。

没见识的蠢人也是这样。按着佛教仪轨受了具足戒，假如犯了一条戒律，不但不觉得惭愧，不去忏悔，求得清静，反而心里想：“我已经犯了一条戒，不成为具足戒了，再保持其他戒律还有什么意思?”于是干脆把戒全破了，连一条戒律都不信守。正像这个蠢人把牛群杀尽，一头也不剩。

饮木筒水喻

昔有一人，行来渴乏，见木筒中，有清净流水，就而饮之。饮水已足，即便举手，语木筒言："我已饮竟，水莫复来。"虽作是语，水流如故，便瞋恚言："我已饮竟，语汝莫来，何以故来？"有人见之，言："汝大愚痴，无有智慧。汝何以不去，语言莫来？"即为挽却，牵余处去。

世间之人，亦复如是。为生死渴爱，饮五欲咸水。既为五欲之所疲厌，如彼饮足，便作是言："汝色、声、香、味，莫复更来，使我见也。"然此五欲，相续不断。既见之已，便复瞋恚："语汝速灭，莫复更生，何以故来，使我见之？"时有智人而语之言："汝欲得离者，当摄汝六情[1]，闭其心意，妄想不生，便得解脱。何必不见，欲使不生？"如彼饮水愚人，等无有异。

【注释】

〔1〕六情：又称六根，即由眼、耳、鼻、舌、身、意而产生的感觉意识。

【译文】

喝木筒中水的比喻

从前有一个人，走路走得口渴力乏，看见木筒里流着清净的泉水，马上过去就着那木筒喝起来。喝足之后，便指着木筒说："我已经喝够了，你别再流出来了。"话虽这么说了，可是水还是照旧流个不止，他就生起气来，责骂说："我已经喝足了，叫你别再流出来，为什么还要流个不停？"有个人听见了以后就对他说："你真是傻！一点也不聪明。你自己为什么不离开这里，却叫水别再流出来？"说完，便拉着他的手朝别处走去。

世间的人也是这样，由于迷恋生死，就是恋着色、声、香、味、触五欲的快乐。当他已经对五欲这些快乐感到疲乏厌倦时，如同那人已经喝水够了，便这么说："你们这些色、声、香、味、触不要再来让我见到。"但是这五欲还是不断地出现在眼前。既见到了，就又埋怨起来："我要你们别再出现，为何还要再出现，让我看见呢？"当时有一位明智的人就对他说："你想要离开五欲，应当收摄你的六根所起的情触，开闭你的心意趋向五欲之门，全体放下，自然得到解脱。何必一定要五欲不出现自己才能不贪恋呢？这就跟那个把水喝够了就要求水不再流出来的蠢人想法相同。

见他人涂舍喻

昔有一人，往至他舍，见他屋舍，墙壁涂治，其地平正，清净甚好，便问之言："用何和涂，得如是好？"主人答言："用稻谷䴬[1]水浸令熟，和泥涂壁，故得如是。"愚人即便而作念言："若纯以稻䴬不如合稻，而用作之，壁可白净，泥始平好？"便用稻谷和泥，用涂其壁。望得平正，返更高下，壁都劈裂。虚弃稻谷，都无利益，不如惠施，可得功德。

凡夫之人，亦复如是。闻圣人说法，修行诸善，舍此身已，可得生天及以解脱。便自杀身，望得生天及以解脱，徒自虚丧，空无所获。如彼愚人。

【注释】

〔1〕䴬（yì）：破碎的谷壳。

【译文】

见别人粉刷房屋的比喻

从前有一个人，到另外一户人家去，看到那家房屋的墙壁涂抹的很美观，地也弄得平整，非常清洁，感到很好。他便问主人："用什么东西涂抹得这么光滑，这样好？"主人回答说："我是用碎稻谷壳泡在水里，等它发酵后，再拌和着泥土抹墙，才得到这样的效果。”那蠢人心里想道：“如果完全用碎稻谷壳，还不如就用稻米和起来抹墙，那墙岂不更加白净，涂抹的泥也会更加平整好看?”于是他就用稻米和成泥，涂抹粉刷墙壁。本来是想要墙壁平整，那知反而在墙壁上出现高低不平，甚至还布满了裂缝。稻米完全浪费了，毫无益处。与其这样，还不如把这些稻米用来救济穷人，还可以行善积德。

凡夫俗子，也是这样。听到品德出众的人说法，修习种种福德，到命终身死后就能生到天上，得以解脱。于是他便自杀，希望提早生到天上。这样做，白白断送了自己的性命，什么也没有得到，正像那个用稻谷和泥的蠢人。

治秃喻

昔有一人，头上无毛，冬则大寒，夏则患热，兼为蚊虻之所唼[1]食，昼夜受恼，甚以为苦。有一医师，多诸方术。时彼秃人往至其所，语其医言："唯愿大师，为我治之。"时彼医师，亦复头秃，即便脱帽示之，而语之言："我亦患之，以为痛苦。若令我治能得差[2]者，应先自治，以除其患。"

世间之人，亦复如是。为生、老、病、死之所侵恼，欲求长生不死之处。闻有沙门、婆罗门等世之良医善疗众患，便往其所，而语之言："唯愿为我除此无常[3]生死之患，常处安乐，长存不变。"时婆罗门等即便报言："我亦患此无常生、老、病、死种种，求觅长存之处，终不能得。今我若能使汝得者，我亦应先自得，令汝亦得。"如彼患秃之人，徒自疲劳，不能得差。

【注释】

〔1〕唼（shà）：这里指被蚊虫等叮咬。　〔2〕差：指痛处被治愈。　〔3〕无常：指世间一切之法，生灭迁流，刹那不住。无常分两种：一、刹那无常，指无时无刻的生灭变化；二、相续无常，指在一段相对的时期内，而产生的生灭变化。

【译文】

治疗秃头的比喻

过去有一个人，头上光秃秃的一根头发也没有，冬天他感到特别的冷，夏天又感到像火燎似的热，再加上蚊子、蛐虫的叮咬，昼夜不得安宁，感到很苦恼。有一个医生，有许多好的医治方法。当时这个秃头人到他家里，对医生说："我求大夫给我治好秃头这个病。"但是这位医生也是一个秃头人，就脱下帽子让他看，并对他说："我也患有这个病，也为此而苦恼。假如我能够治好这种病的话，就应该先治好自己的病，解除痛苦。"

世上有的人也是这样。他们因为受到生、老、病、死的侵害苦恼。希望找到一个长生不老的方法，听说有修道人和婆罗门等，是世界上有名的好医生，能治疗一切病苦，就跑到他们那里，对他们说："我希望能解脱无常生、老、病、死的各种绝患，永远住在一个安乐的环境里享福，永远存在下去，不会改变。"当时婆罗门等就回答说："我们也受到无常生、老、病、死这些绝患的逼迫而苦恼，想方设法寻求永恒的安乐之处，但始终不曾找到。现在我们若能使你得到，应该自己应先得到，再让你得到。"这正跟那个秃头病人找无法治秃的医生一样，无故地自找麻烦，秃发病始终无法治愈。

毗舍阇鬼喻

昔有二毗舍阇鬼[1]，共有一箧、一杖、一屐。二鬼共诤，各各欲得。二鬼纷纭，竟日不能使平。时有一人，来见之已，而问之言："此箧、杖、屐有何奇异，汝等共诤，瞋忿乃尔?"二鬼答言："我此箧者，能出一切衣服、饮食、床褥、卧具，资生[2]之物，尽从中出。执此杖者，怨敌归服，无敢与诤。著此屐者，能令人飞行无罣碍[3]。"此人闻已，即语鬼言："汝等小远，我当为尔平等分之。"鬼闻其语，寻即远避。此人即时抱箧、捉杖，蹑屐而飞。二鬼愕然，竟无所得。人语鬼言："尔等所诤，我已得去。今使尔等，更无所诤。"

毗舍阇者，喻于众魔及以外道；布施如箧，人天五道资用之具皆从中出；禅定如杖，消伏魔怨、烦恼之贼；持戒如屐，必升人天。诸魔外道诤箧者，喻于有漏[4]中强求果报，空无所得。若能修行善行，及以布施、持戒、禅定，便得离苦，获得道果。

【注释】

〔1〕毗舍阇鬼：又称饿鬼，是一种食人血肉、吃人精气的鬼。〔2〕资生：衣、食、住之具，以资助人之生命者。〔3〕罣（guà）

碍：即妨碍。〔4〕有漏：漏是烦恼的别名，有漏就是有烦恼。

【译文】

两个饿鬼相争的比喻

从前有两个饿鬼，共有一个小箱子，一根手杖，一双木屐（鞋）。这两个鬼互相争夺这几件东西，都想独自占有。两个鬼吵闹不休一整天，还是没有结果。这时来了一个人，看到他们在争吵，便问道："这箱子、手杖、木屐有什么奇特的地方？你们生气争吵，闹成这个样子？"两个鬼说："这个箱子能变出一切衣服、食品、床褥、卧具和生活用品，都能从这里面变出来；要是谁拿着这根手杖，他的仇人都会服从，不敢再跟他作对；要是谁穿上这双鞋，鞋能够叫他到处自在飞行，无所阻碍。"这人听完这些话，就对两个鬼说："你们俩稍微走开一些，我一定给你们公平分配。"两个鬼听了，就远远地离开。这人立刻抱起小箱子，提起手杖，穿上鞋，腾空而去。两个鬼惊愕起来，连一件东西也没有得到。那人在空中对两个鬼说："你们所争吵的东西，我已经拿走了，你们从今后也就再没有什么可争吵的了！"

在上面这个比喻里，相争的两个鬼是比喻众魔和一些不知正法的修道人。修习布施，就如同得到了那个箱子，人天等五道众生各种生活用品都能从这箱子里得到。修习禅定，就如同得到了那根手杖，降伏一切邪魔、烦恼的怨敌，严持戒律，如同得到了那双鞋，必定让你上升在人、天善道中。那些争吵箱子的邪魔外道，好比从烦恼中强求的果报，结果什么也得不到。如果能修习善法，以及布施、持戒、禅定等波罗蜜，自然能够解脱痛苦，得到菩提涅槃的果报。

估客驼死喻

譬如估客，游行商贾，会于路中，而驼卒死。驼上所载，多有珍宝、细软、上氎[1]种种杂物。驼既死已，即剥其皮。商主舍行，坐二弟子，而语之言："好看驼皮，莫使湿烂。"其后天雨，二人顽嚚[2]，尽以好氎，覆此皮上，氎尽烂坏。皮氎之价理自悬殊，以愚痴故，以氎覆皮。

世间之人，亦复如是。其不杀者，喻于白氎；其驼皮者，即喻财货；天雨湿烂，喻于放逸败坏善行。不杀戒者，即佛法身[3]，最上妙因，然不能修；但以财货，造诸塔庙，供养众僧。舍根取末，不求其本，漂浪五道，莫能自出。是故行者[4]，应当精心，持不杀戒。

【注释】

〔1〕氎（dié）：细棉布。　〔2〕顽嚚（yín）：指顽皮愚昧。〔3〕法身：佛三身之一，又名自性身，或法性身，即诸佛所证的真如法性之身。　〔4〕行者：一、修行佛法的人。二、居住佛寺但留着头发修行的人。

【译文】

商人的骆驼死了的比喻

有个商人，赶着骆驼到各地做生意。一次，在路上，他的骆驼突然死了。骆驼运的都是一些珍宝、细软、上好的细棉布，还有杂货等等。骆驼既然已经死了，就把皮剥了下来。商人留下货物先走了，嘱咐两个留下来的徒弟说："你们好生看着这张骆驼皮，别让雨水淋湿烂掉。"后来天下大雨，两个愚蠢的家伙，拿出所有的细棉布，盖在骆驼皮上，结果贵重的细棉布全部被雨水泡烂了。骆驼皮和木棉布的价值，人们都知道相差悬殊，因为愚蠢无知，反而用贵重的细棉布去覆盖那不值钱的骆驼皮。

世间也有这样的人。这不杀生戒，就比喻是高贵的细棉布，低廉的死骆驼皮好似财货，下雨烂坏东西比喻放纵自己的败坏善行。不杀生戒就是修得佛的法身最上等的极妙真因，可是不去好好修持，只知道拿些钱财去造庙修塔，供养修行的僧人，这是放弃根本的修持而只求细枝末节人天福报，自然就会流转在人、天等五道之中，不能进入超脱自在的境界。因此佛门信众、修行者，要特别以精进心注重持不杀戒。

磨大石喻

譬如有人，磨一大石，勤加功力，经历日月，作小戏牛[1]。用功既重，所期甚轻。

世间之人，亦复如是。磨大石者，喻于学问，精勤劳苦；作小牛者，喻于名闻，互相是非。夫为学者，研思精微，博通多识，宜应履行，远求胜果[2]。方求名誉，憍慢贡高[3]，增长过患。

【注释】

〔1〕小戏牛：做一个精细小巧的工艺品小牛。 〔2〕胜果：指修证佛理达到圆满美妙的境界。 〔3〕贡高：自以为高人一等。

【译文】

磨大石做小牛的比喻

有一个人，磨治一块大石头，勤奋用功，花了很大的力气和费了很多时间，为的是把这块石头雕成一只供玩赏的小石牛。功夫用了很深，结果所得到的东西却很轻微。

世间就有这样的人。磨治大块石头，可比喻为精研佛理勤奋刻苦的人。将一块大石头琢磨成一个玩物（小牛），比喻为追求名声相互指责，作为一个佛学者不仅应该探讨高深的义理，还应以丰富学识，并付诸实践，并以远大的理想去求得完满的境界。而那种想方设法追求名誉，瞧不起别人，骄傲自大，只会增长过失和祸患。

欲食半饼喻

譬如有人，因其饥故，食七枚煎饼。食六枚半已，便得饱满。其人恚悔，以手自打，而作是言："我今饱足，由此半饼；然前六饼，唐自捐弃。设知半饼能充足者，应先食之。"

世间之人，亦复如是。从本以来，常无有乐，然其痴倒，横生乐想。如彼痴人，于半番饼生于饱想。世人无知，以富贵为乐。夫富贵者，求时甚苦；既获得已，守护亦苦；后还失之，忧念复苦。于三时[1]中，都无有乐。犹如衣食，遮故名乐；于辛苦中，横生乐想。诸佛说言："三界[2]无安，皆是大苦。凡夫倒惑，横生乐想。"

【注释】

〔1〕三时：古印度一昼夜分为六时，昼三时为：晨朝、日中、日没；夜三时为：初夜、中夜、后夜。 〔2〕三界：欲界、色界、无色界。欲界是有淫食二欲的众生所住的世界，上自六欲天，中自人畜所居的四大洲，下至无间地狱皆属之；色界是无淫食二欲但还有色相的众生所住的世界，四禅十八天皆属之；无色界是色相俱无但住心识于深妙禅定的众生所住的世界，四空天属之。此三界都是凡夫生死往来的境界，所以佛教行者是以跳出三界为目的。

【译文】

只想吃半个饼的比喻

有一个人，肚子太饿了，一口气吃了七只煎饼。当他吃完六只半时，已感觉肚子饱了。于是他又觉得很后悔，用手打着自己说：“我吃了这半个饼，就吃饱了。前面吃的那六只饼可不浪费了？如果早知道这半只饼就能吃饱肚子，就应该先吃这半只饼。”

世间竟有这样的人。从佛法的根本上来说，并无常有的快乐可言，但由于痴迷颠倒，偏偏要节外生枝般地去想得到快乐，正像那个蠢人，在这半只煎饼上，产生肚子饱了的想法一样。世俗之人无知，以富贵为快乐。那富贵荣华，在祈求的时候是很辛苦的；即使一旦求到了为要守住也是很苦的；身后还会失去，心中的忧伤悲戚也是很苦的。在过去、现在、未来三时中，都没有真正的快乐。这就像衣食可以遮体、止饥，就认为漂亮、可口是乐事，实际上这些是要经受许多辛苦而求得，不是真正的无苦之乐。所以诸佛说法：“三界中没有真正的安乐，实际上都是大苦。由于世间人颠倒迷惑，偏偏硬要认为是快乐。”

奴守门喻

譬如有人，将欲远行，敕其奴言："尔好守门，并看驴索。"其主行后，时邻里家，有作乐者，此奴欲听，不能自安。寻以索系门，置于驴上，负至戏处，听其作乐。奴去之后，舍中财物，贼尽持去。大家[1]行还，问其奴言："财宝所在？"奴便答言："大家先付门、驴及索，自是以外，非奴所知。"大家复言："留尔守门，正为财物；财物既失，用于门为？"

生死愚人，为爱奴仆，亦复如是。如来教诫，常护根门[2]，莫著六尘[3]，守无明驴[4]，看于爱索。而诸比丘，不奉佛教，贪求利养，诈现清白，静处而坐，心意流驰。贪著五欲，为色、声、香、味之所惑乱，无明覆心，爱索缠缚。正念[5]、觉意[6]、道品财宝，悉皆散失。

【注释】

〔1〕大家：指主人。　〔2〕根门：眼等六根是漏出种种烦恼和入种种妄尘的门户。　〔3〕六尘：色尘、声尘、香尘、味尘、触尘、法尘。尘者染污之义，谓能染污人们清净的心灵，使真性不能显发。又名六境，即六根所缘之外境。　〔4〕无明驴：这里指昧于事理，不通达佛理而不能明白事物真相的一种精神状态。　〔5〕正念：正确的念头，亦即时常忆念正道，不使思想行为有错误，是八正道之一。

〔6〕觉意：指对佛教义理彻悟的一种境界。

【译文】

仆人看门的比喻

有一个人要出远门，临行时，嘱咐他的仆人说：“你要看好门，要用绳子把驴子拴好。”主人走了以后，这时邻村在演戏，这个仆人非常想去听，又放不下心。于是他就把门板卸下，用绳子捆在驴背上赶着驴到演戏的地方去，听人家演戏。仆人走了以后，家里的财物被贼偷得干干净净。主人回来，问这个仆人：“家里的钱财衣物都哪儿去了？”仆人回答说：“主人走时，交代我的是看好门，驴子和绳子。除此以外，其他的都不是我该管的。”主人又说：“留你看门，就是教你看守财物。财物既然丢了，只留着门还有什么用？”

迷恋于生死的愚蠢人，成为爱欲的奴隶，也和这一样。如来告诫我们，一定要经常保护着眼、耳、鼻、舌、身、意六根这一大门，不能让色、声、香、味、触、法六尘这一类贼人钻空子，进来偷盗财物；要看守好无明这头驴，不能让它被贪、爱这条绳子牵着跑。但是有些比丘不遵守佛的教导，贪求名闻利养。表面显得清白，在安静处坐禅；心里却贪着五欲，向外奔驰流荡、被贪爱的绳子捆住了手脚，使正念、觉、意三昧，三十七道品等法财、法宝，全部丧失了。

偷犛牛喻

譬如一村共偷犛牛[1]，而共食之。其失牛者，逐迹至村，唤此村人，问其由状，而语之言："尔在此村不?"偷者对曰："我实无村。"又问："尔村中有池，在此池边共食牛不?"答言："无池。"又问："池傍有树不?"对言："无树。"又问："偷牛之时，在尔村东不?"对曰："无东。"又问："当尔偷牛，非日中时耶?"对曰："无中。"又问："纵可无村，及以无树，何有天下无东无时?知尔妄语，都不可信。尔偷牛食不?"对言："实食。"

破戒之人，亦复如是。覆藏罪过，不肯发露，死入地狱。诸天善神[2]，以天眼[3]观，不得覆藏。如彼食牛，不得欺拒。

【注释】

〔1〕犛（máo）牛：指一种尾长腿短的牛。　〔2〕善神：八部众中护持正法的神。　〔3〕天眼：天上人的眼，能够看得很远，为五眼之一。天眼有两种，一种是从福报得来，如天人；一种则是从苦修得来，如阿那律所得的天眼。

【译文】

偷吃牛的比喻

有一个村子的人，合伙偷了一头犛牛，并一起杀后吃了。

丢失犛牛的主人，顺着牛的脚印跟踪追来，找到村子里的人，打听牛的情况，失主问："你们是不是住在这村子里？"偷牛的村民回答说："我们这里没有村子。"失主又问："你们村子里有一个池塘，你们是不是在池塘边大家一起吃的牛？"他们回答："这里没有池塘。"失主又问："池塘边是不是有棵树？"他们回答："没有树。"失主问："偷牛的时候，你们是不是在村子东边？"他们回答："没有东边。"失主又问："你们偷牛的时候是不是在中午时候？"他们回答："没有中午。"失主说："纵然可以没有村子，没有池塘，没有树，但世上怎么会没有东西方向和时间？可见你们说的全是假话，完全不能相信。你们是不是偷了牛吃？"他们回答："的确是吃了。"

破戒的人就是这样。因为掩盖自己的过失，不肯坦白说出，故死后堕入地狱。天上神人，用天眼观察，什么都隐藏不了，好似这伙偷牛吃的人，是没法用假话欺骗掩盖的。

贫人作鸳鸯鸣喻

昔外国节，法庆之日，一切妇女尽持优钵罗华〔1〕，以为鬘饰。有一贫人，其妇语言："尔若能得优钵罗华，来用与我，为尔作妻；若不能得，我舍尔去。"其夫先来常善能作鸳鸯之鸣，即入王池作鸳鸯鸣，偷优钵罗华。时守池者而作是问："池中者谁？"而此贫人失口答言："我是鸳鸯。"守者捉得，将诣王所。而于中道，复更和声，作鸳鸯鸣。守池者言："尔先不作，今作何益？"

世间愚人，亦复如是。终身残害，作众恶业，不习心行〔2〕，使令调善。临命终时，方言："今我欲得修善。"狱卒将去，付阎罗王。虽欲修善，亦无所及已。如彼愚人，欲到王所，作鸳鸯鸣。

【注释】

〔1〕优钵罗华：即青莲花，这种生水中的花，花瓣青色，叶子狭长，形状酷似金色佛像。 〔2〕心行：指人的心理活动。

【译文】

模仿鸳鸯鸣叫的比喻

从前一个外国节日，有一种传统风俗，凡是妇女，在这天都要在头上戴优钵罗花作装饰。有一个穷人，他的妻子对他说："你如果能弄到优钵罗花给我戴，我就做你的老婆；如果弄不到，我就要离开你。"这穷人原本善于模仿鸳鸯的叫声，因此他就偷偷地钻到王宫花园的池子里，作鸳鸯叫的声音，想乘机偷到优钵罗花。这时守池人觉得有动静，就问："池子里是谁?"这个穷人不觉失口，回答说："我是鸳鸯。"守池人抓住他，带他去见国王。在半路上，他听到鸳鸯的叫声，也跟着一唱一和地叫起来。守池人说："你先前不这样叫，现在叫有什么用?"

世间的蠢人就是这样。一辈子杀生害命，造各种恶业，不修心向善。直到临死的时候才说："我现在想修身行善。"可是鬼卒还是把他带到阎罗王那里，就是要做好事，也来不及了。正像这个蠢人在将要送到国王那里时才做鸳鸯叫，已为时晚矣。

野干为折树枝所打喻

譬如野干[1]，在于树下，风吹枝折，堕其脊上。即便闭目，不欲看树，舍弃而走。到于露地，乃至日暮，亦不肯来。遥见风吹大树，枝柯动摇上下，便言："唤我。"寻来[2]树下。

愚痴弟子，亦复如是。已得出家，得近师长，以小呵责，即便逃走。复于后时，遇恶知识，恼乱不已，方还所去。如是去来，是为愚惑。

【注释】

〔1〕野干：兽名，形状似狐，毛色青黄，如狗群行，夜鸣如狼。
〔2〕寻来：就来。

【译文】

狐狸被树枝所打的比喻

一只狐狸，蹲在树下，树枝被风吹折断，掉下来正好打在它的脊背上。它立刻闭上眼睛，不敢看树。于是它就飞快地离开这个地方，跑到一个空旷的处所，一直到天晚，也不肯回到树下。它远远地看到大树的枝条被风吹得上下摇动，就说这是树在"召唤我呢。"就又来到树下。

愚蠢的徒弟们就是这样。已经出家，亲近师父和长辈，由于受不了小小的批评和斥责就逃走了。后来遇到坏人不断来欺负他，烦恼不断，才又重新回到师父身边。像这样去去来来，就是愚蠢迷惑的表现。

小儿争分别毛喻

譬如昔日，有二小儿，入河遨戏。于此水底，得一把毛。一小儿言："此是仙须。"一小儿言："此是罴毛。"尔时河边，有一仙人。此二小儿诤之不已，诣彼仙所，决其所疑。而彼仙人，寻即取米及胡麻子，口中含嚼，吐著掌中，语小儿言："我掌中者，似孔雀屎〔1〕。"而此仙人不答他问，人皆知之。

世间愚人，亦复如是。说法之时，戏论诸法，不答正理。如彼仙人，不答所问，为一切人之所嗤笑。浮漫虚说，亦复如是。

【注释】

〔1〕孔雀屎：比喻答非所问，犹如问天而答地。后来用此词比喻浮漫虚说或问答乖违。

【译文】

两小儿争辩一撮毛的比喻

从前有两个小孩，在河里游戏，从水底捞到一撮毛。一个小孩说："这是仙人的胡子。"另一个小孩说："这是熊毛。"当时河边住着一位仙人，两个小孩争执不下，就跑到仙人这里，请他帮助解决这个问题。这位仙人抓了一把米和胡麻籽，放在嘴里嚼烂后，然后吐在手上，对小孩说："我手掌上的东西像是孔雀屎。"这位仙人没有正面答复两个小孩所提的问题，人们都会明白其中的道理。

世间蠢人也会这样。说法的时候，随便东拉西扯，不去答复正理，像这仙人一样，不答所问，被人所笑话。那种浮泛散漫无边际的虚假说教，就是这种样子。

医治脊偻喻

譬如有人，卒患脊偻[1]请医疗之。医以酥[2]涂，上下著板[3]，用力痛压。不觉双目，一时并出。

世间愚人，亦复如是。为修福故，治生估贩，作诸非法，其事虽成，利不补害。将来之世，入于地狱，喻双目出。

【注释】

〔1〕脊偻（lǚ）：一种骨软症，为骨质缺乏石灰成分及生活不良所致。 〔2〕酥：指酥油，由牛羊乳奶中提炼而成。 〔3〕著板：上下夹着木板。

【译文】

治疗佝偻病的比喻

有个人得了佝偻病，请医生为他治疗。医生在他身上涂上酥油，胸前背后都夹上板子，然后用力狠狠地压住，一下子把两只眼睛都挤了出来。

世间蠢人就是这样。为了求得福利，养家畜贩卖，杀生害命，虽然谋得了福利，但得到的利益不能弥补害生的过失，在未来的轮回中，将会堕落地狱，所受痛苦就像两目迸出那样难以承受。

五人买婢共使作喻

譬如五人，共买一婢。其中一人，语此婢言：“与我浣[1]衣。”次有一人，复语浣衣。婢语次者：“先与其浣。”后者恚曰：“我共前人同买于汝，云何独尔？”即鞭十下。如是五人，各打十下。

五阴[2]亦尔。烦恼因缘[3]，合成此身；而此五阴，恒以生、老、病、死无量苦恼，搒笞[4]众生。

【注释】

〔1〕浣：洗涤。　〔2〕五阴：五蕴的旧译，即色、受、想、行、识，它是由于众生的烦恼、业行所得的果报。　〔3〕因缘：凡一事一物之生，本身的因素称为因，旁助的因缘称为缘。例如稻谷，种子为因，泥土、雨露、空气、阳光、肥料、农作等为缘，由此种种因缘的和合而生长谷子。　〔4〕搒笞：指用鞭、棍或板子打。

【译文】

五个人共同使唤一个婢女的比喻

有五个人共同买了一个婢女，其中一人吩咐婢女说：“给我洗衣裳去。”接着又一人也吩咐婢女洗衣裳。婢女就告诉后说的主人：“我先给他洗吧。”这后说的主人生起气来，说：“你是我们共同花钱买的，为什么只给他洗！”就拿起鞭子打了她十下。其余的四个主人，也照样各打了她十下。

五阴也是这样。过去的烦恼，通过主因和助缘，生成了人的身体，这个身体就是色、受、想、行、识五种类别的合成物。在循环往复的生、老、病、死过程中，五阴会产生无量苦恼来折磨所有的生命。

伎儿作乐喻

譬如伎儿[1]，王前作乐[2]，王许千钱。后从王索，王不与之。王语之言："汝向作乐，空乐我耳；我与汝钱，亦乐汝耳。"

世间果报，亦复如是。人中、天上虽受少乐，亦无有实，无常败灭，不得久住。如彼空乐。

【注释】

〔1〕伎儿：指古代以歌舞为业的人。　〔2〕作乐：表演。

【译文】

歌女表演的比喻

有一个歌女，在国王面前表演。国王告诉她，说要赏她一千个钱。表演结束后她向国王讨取这份赏钱，可是国王不给她。国王告诉她说："你在那里唱歌，不过是让我听了高兴罢；我说要给你赏钱，也是让你听了高兴的。"

世间因果报应法则也就是这样。无论是生在人群中还是天上，虽然有一点快乐的享受，也不过空有其名并无实际，随着因缘生灭变化，不能够保持长久存在。正像国王和歌女所得到的无非是一场空欢喜。

师患脚付二弟子喻

譬如一师，有二弟子。其师患脚，遣二弟子，人当一脚，随时按摩。其二弟子，常相憎嫉。一弟子行，其一弟子，捉其所当按摩之脚，以石打折。彼既来已，忿其如是，复捉其人所按之脚，寻复打折。

佛法学徒亦复如是。方等〔1〕学者，非斥小乘；小乘学者，复非方等。故使大圣法典，二途兼亡。

【注释】

〔1〕方等：方是广之义，等是均之义，佛于第三时，广说藏通别圆四教，均益利钝之机，故名方等。

【译文】

师傅让两个弟子按摩病脚的比喻

有一位师傅，他有两个弟子。师傅得了脚病，就教两个弟子每人负责一只脚，随时给他按摩。两个弟子平常由于彼此憎恶嫉妒，互相排挤。一个弟子一次到外面去了，另外一个弟子就把他负责按摩的那只脚，用石头砸断了。头一个弟子回来看到，对另一个弟子干的事十分恼怒，也把他负责按摩的那只脚用石头砸断。

佛教学者里也有类似的情况。方等部的大乘学者，对于小乘部抱着排斥的态度；小乘学者也容纳不了方等部，认为这不是佛法正宗。因而在佛教内部，使大圣人留传下来的大、小乘两大类法典，都不能很好地发挥其作用，甚至一道趋于消亡。

蛇头尾共争在前喻

譬如有蛇，尾语头："我应在前。"头语尾言："我恒在前，何以卒尔?"头果在前，其尾缠树，不能得去。放尾在前，即堕火坑，烧烂而死。

师徒弟子，亦复如是。言师耆老〔1〕，每恒在前；我诸年少，应为导首。如是年少，不闲〔2〕戒律，多有所犯。因即相牵，入于地狱。

【注释】

〔1〕耆老：这里指有道德、有地位、受尊敬的老人。　〔2〕闲：同"娴"，熟悉。

【译文】

蛇的头和尾共争走在前的比喻

有一条蛇，它的尾巴对头说："我应该走在前面才是。"蛇头告诉蛇尾说："我一贯走在前面的，为什么突然要改变位置?"由于蛇头坚持在前面走，蛇的尾巴便缠住一棵树，蛇头就不能走动。蛇头只好让蛇尾巴走在前面，结果掉进一个火坑里，身体立刻被烧焦，这条蛇也就死了。

在师徒关系上，也有相似的情形。徒弟说他师父年纪大了，以往总是师傅主持佛事。现在我们这些人都很年轻，应该培养我们引领信众。可是这些徒弟毕竟年轻，不熟悉戒律，经常出一些错误。结果师父和徒弟都受到牵连，不能修成正果，反而一齐堕入地狱。

愿为王剃须喻

昔者有王，有一亲信，于军阵中，殁命救王，使得安全。王大欢喜，与其所愿，即便问言："汝何所求？恣[1]汝所欲。"臣便答言："王剃须时，愿听我剃。"王言："此事若适汝意，听汝所愿。"如此愚人，世人所笑。半国之治、大臣辅相，悉皆可得，乃求贱业。

愚人亦尔。诸佛于无量劫，难行苦行，自致成佛。若得遇佛及值遗法，人身难得，譬如盲龟值浮木孔[2]。此二难值，今已遭遇，然其意劣，奉持少戒，便以为足，不求涅槃胜妙法也。无心进求，自行邪事，便以为足。

【注释】

〔1〕恣（zì）：放纵，随意。　〔2〕盲龟值浮木孔：指盲龟遇浮木很难，比喻人身难得，值佛闻法更不容易。

【译文】

甘愿为国王剃胡须的比喻

从前有一个国王，他有一个亲信的侍从，在一次战争中冒着生命危险保护了他，使他得以安全归来。国王特别高兴，想满足侍从的心愿。便跟他说："你有什么要求和想法，可以随意提出来，我一定要满足你的愿望。"他回答说："我只愿意大王在剃胡须的时候，让我效劳。”国王说：“这件事假如能满足你的心意，我就答应你。”这样的傻子，当然使人们感到很好笑。本来管理半个国家，或者是作大臣、宰相，都是可以得到的。可是他偏偏要求干为国王剃胡子这种事情！

蠢人就是这样。一切诸佛都经历了无数劫难苦行，才成就了佛果。遇佛出世难得，闻佛遗教难得，人身更难得；就好像大海中的盲龟，百年一出水面，碰到一块浮在水上的木头的孔一样。人身难得已得，佛法难闻已闻，但他却心意懈怠，只奉持少分戒律就认为足够了，不求菩提涅槃这一殊胜佛果。无心积极进取，只作些不合正法的歪门邪道，却觉得已经很满足了。

索无物喻

昔有二人，道中共行。见有一人，将胡麻车，在险路中，不能得前。时将车者，语彼二人："佐我推车，出此险路。"二人答言："与我何物?"将车者言："无物与汝。"时此二人，即佐推车，至于平地，语将车人言："与我物来。"答言："无物。"又复语言："与我无物。"二人之中，其一人者，含笑而言："彼不肯与，何足为愁!"其人答言："与我'无物'，必应有'无物'。"其一人言："无物者，二字共合，是为假名〔1〕。"

世俗凡夫若无物者，便生无所有处〔2〕。第二人言"无物者"，即是无相〔3〕、无愿〔4〕、无作〔5〕。

【注释】

〔1〕假名：一、虚假的名字。诸法本来无名，是人给它假设了一个名字，这个名字既虚假不实，而且不合实体，好像一个贫贱人取了一个富贵人名字一样。二、假名而有的意思。这里是指事物随名而转，方有种种差别，故假名而有。 〔2〕无所有处：即超越识无边处定，观所缘皆无所有，思维无所有之相，修此行力所生之处。 〔3〕无相：一、于一切相，离一切相，即是无相。二、涅槃的别名，因涅槃离一切虚妄之相。这里指一切法无自性，本性为空，无形可得。〔4〕无愿：即对一切诸法无所愿求。 〔5〕无作：无因缘的造作。与

无为同义。

【译文】

索要“无物”的比喻

从前有两个人一同行路，碰到一个人拉着装载着胡麻的车子，在地势险要处无法前行。这时那个拉车的人对这两个人说：“请帮我把这车子推出这一段险路。”两个人回答说：“那你给我们什么东西做报酬？”拉车的人说：“无物可给你们。”于是两人就帮着他把车子一直推到平坦的地方，然后就向拉车的人说：“那就给我‘无物’吧。”这两个人中，有一个人笑着说：“你如果不肯送给我们，也不要发愁。”另外一个人接着说：“给咱们‘无物’，就必须有无物作为酬谢。”前者解释道：“‘无物’二字联结起来是假名，实际上就是‘没有’。怎么能拿出一个‘无物’来呢！”

世俗凡夫就是这样。他执着一个‘无物’的实物，于是在他的微细的第六意中就追求一种无空、色外境无识心内境的空空洞洞境界，实际上只是与意根相对的无所有法尘，只是内心里产生了一种可称这为“无所有处”的假象。这在不执著“无物”为一种实物的第二人来说，无物也就是说无相、无愿、无作。无相只是相中求实皆不可得，不是有一个无相可见可取；无愿只是心离愿求之念，不是有一个无愿实境可取；无作只是心离造作之念，不是有一个无作实境可取。能通达此理，就达到了入涅槃城之门。

蹋长者口喻

昔有大富长者，左右之人欲取其意，皆尽恭敬。长者唾时，左右侍人，以脚蹋却[1]。有一人愚者，不及得蹋，而作是言："若唾地者，诸人蹋却，欲唾之时，我当先蹋。"于是长者正欲咳唾，时此愚人即便举脚，蹋长者口，破唇折齿。长者语愚人言："汝何以故，蹋我唇口？"愚人答言："若长者唾出口落地，左右谄者，已得蹋去。我虽欲蹋，每常不及。以是之故，唾欲出口，举脚先蹋，望得汝意。"

凡物须时，时未及到，强设功力，返得苦恼。以是之故，世人当知时[2]与非时[3]。

【注释】

〔1〕蹋却：指用脚擦去痰迹。　〔2〕知时：指知悉适合修行的时宜。　〔3〕非时：晨朝至日中为时，日中至后夜为非时。

【译文】

用脚踩富翁嘴巴的比喻

从前有一个大富翁，身边侍候的人都想取得他的欢心，都对他毕恭毕敬。当富翁吐痰的时候，这些侍候他的人，都争着先用脚把吐的痰蹋掉。有一个蠢人，总是来不及给这富翁蹋痰，因而就自言自语地说："每次只要富翁的痰吐到地上，别人就会先踢掉。看来只有在他要吐的时候，我就抢先踢掉。”一天，富翁正要咳嗽吐痰，这蠢人赶紧上去，一脚踩在富翁的嘴巴上，把嘴唇也踩破了，牙齿也踩断了。富翁责问这蠢人说：“你为什么踩我的嘴巴？”蠢人回答说：“你吐的痰只要一落地，那些讨好的人就争着踩上去踢掉，我虽然想踢，总是来不及。因此，我今天一看到你要吐痰，就先举脚去踢，希望得到你的欢心。”

一切事物都要借助时节因缘。如果时节因缘没有成熟，勉强用功出力，反会带来苦恼。所以世人应该懂得什么时候做什么事才是合乎时宜，不合时宜的事不要做。

二子分财喻

昔摩罗国[1]，有一刹利[2]，得病极重，必知定死。诫敕二子："我死之后，善分财物。"二子随教，于其死后分作二分。兄言弟分不平。尔时有一愚老人言："教汝分物，使得平等。现所有物，破作二分。云何破之？所谓衣裳中割作二分，槃瓶亦复中破作二分，所有瓮瓨亦破作二分，钱亦破作二分。"如是一切，所有财物尽皆破之，而作二分。如是分物，人所嗤笑。

如诸外道，偏修分别论[3]。论门有四种[4]：有决定答论门，譬如人一切有皆死，此是决定答论门。死者必有生，是应分别答："爱尽者无生，有爱必有生。"是名分别答论门。有问："人为最胜不？"应反问言："汝问三恶道，为问诸天？"若问三恶道，人实为最胜；若问于诸天，人必为不如。"如是等义，名反问答论门。若问十四难[5]，若问世界及众生，有边、无边、有终始、无终始，如是等义，名置答论门。诸外道愚痴，自以为智慧，破于四种论，作一分别论。喻如愚人分钱物，破钱为两段。

【注释】

〔1〕摩罗国：古印度一国名。为佛陀时代印度十六国之一，位于

中印度恒河之北，迦毗罗卫城之东。〔2〕刹利：即刹帝利，为印度古代四大种姓之一，指王族及大臣。〔3〕分别论：指外道提出的似是而非的论证方法。〔4〕四种：即决定答论门、分别答论门、反问答论门、置答论门。〔5〕十四难：指古印度外道信徒向佛陀提出的十四个问题，即一、世界及我为常耶？二、世界及我为无常耶？三、世界及我为亦有常亦无常耶？四、世界及我为非有常非无常耶？五、世界及我为有边耶？六、世界及我为无边耶？七、世界及我为亦有边亦无边耶？八、世界及我为非有边非无边耶？九、死后有神去耶？十、死后无神去耶？十一、死后亦有神去亦无神去耶？十二、死后亦非有神去亦非无神去耶？十三、后世是身是神耶？十四、身异神异耶？

【译文】

两个儿子分财物的比喻

古印度摩罗国有一位刹帝利，他得了重病，知道自己快要死了，便嘱咐他的两个儿子说："我死之后，你们要妥善地分配财物。"他死后，两个儿子遵照他的遗言，把财产分成两份，可是哥哥说弟弟分得不公平，弟弟又说哥哥分得不公平。这时来了一个愚蠢的老人，对两兄弟说："我教你们分财物的办法，一定能分得公平。把所有的东西都破开做两份。怎么破呢？衣裳从中间撕开，盘子、瓶子从中间敲开，盆子、缸子从中间打开，钱也锯开，这样一切都破做两份。"这样把东西分作两份，人人都笑话他们。

这就像外道修行者，只注意研修一种分别论。按说，论门有四种：一、决定答论门，比如，一切人都会有死的时候。二、分别作论门。比如，死者必有下一世生，应当分开两种情况：小乘极果阿罗汉无有贪爱，出世便不再生；但贪爱未尽就定有下一生。三、反问答论门。比如问，人是不是最优越的，就应当先反问；你是问跟三恶界相比，还是跟诸天神相比？如果跟三恶界相比，人就是最优胜的；若是跟诸天神相比，人就不如诸天。四、置答论门。比如问十四个有为难回答的问题，如问到世界和众生有边、无边、有终始、无终始等一类问题。因为问题的本身就包含着我见、边见、常见、断见等邪见在内，所以不应作答而应置之不论。一些外道修行人由于愚蠢不明正理，又自以为具有智慧，他们就毁坏了四种论，另取了一种分别论。这种分别论就像前面说的那个蠢人一样，分财物就把物和钱破坏成两半，却不曾想到不完整的半个物、半个钱已是没有什么用处了。

观作瓶喻

譬如二人至陶师所，观其蹋轮而作瓦瓶，看无厌足。一人舍去，往至大会，极得美膳，又获珍宝。一人观瓶，而作是言："待我看讫[1]。"如是渐冉[2]，乃至日没，观瓶不已，失于衣食。

愚人亦尔。修理家务，不觉非常。

今日营此事，明日造彼业。
诸佛大龙出，雷音遍世间。
法雨无障碍，缘事故不闻。
不知死卒至，失此诸佛会。
不得法珍宝，常处恶道穷，
背弃放正法。彼观缘事瓶，
终常无竟已。是故失法利，
永无解脱时。

【注释】

〔1〕讫：完毕。　〔2〕渐冉：逐渐。

【译文】

观看陶匠做瓦瓶的比喻

有两个人到陶匠工作的作坊，观看陶匠踏转轮制作瓦瓶。

两人看得起劲，一点也不感到厌烦。后来一个人离去了，到大会场去，吃到很丰盛的斋饭，还得到人家馈赠的珍贵法宝。另一个人仍然在那里观看陶匠做瓶子，他说："等我看完他做瓶子的全过程。"就这样时光逐渐慢慢地流逝了，一直到太阳落山，还没看够，所以只能挨饿受苦。

蠢人就是这样，终日忙于家里的琐事，日复一日，不知道怎样解脱苦恼。

今天经营这种事，明天又造那种业。
诸佛像大龙出世，雷鸣法音遍世间。
法雨普降无障碍，俗缘缠身不闻法。
不知不觉死期到，失去见佛闻法缘。
不曾得到佛宝藏，常处于恶道穷途。
背离正法不聆听。正像好看做瓶人，
最终竟然难自控。佛法般若均失去，
永远无从得解脱。

见水底金影喻

昔有痴人，往大池所，见水底影，有真金像，谓呼有金。即入水中，挠泥求觅。疲极不得，还出复坐。须臾水清，又现金色。复更入里，挠泥更求觅，亦复不得。其如是，父觅子，得来见子，而问子言："汝何所作，疲困如是？"子白父言："水底有真金，我时投水，欲挠泥取，疲极不得。"父看水底真金之影，而知此金在于树上。所以知之，影现水底。其父言曰："必飞鸟衔金，著于树上。"即随父语，上树求得。

凡夫愚痴人，无智亦如是。
于无我〔1〕阴中，横生有我想〔2〕。
如彼见金影，勤苦而求觅，
徒劳无所得。

【注释】

〔1〕无我：一、无有实我。二、忘却自己。又称非我，指没有永远不变，独立自存，以及主宰人的灵魂和实体者。　〔2〕有我想：认为自身是不变、永存的整体。

【译文】

看见水底黄金影子的比喻

从前有一个蠢人，来到一个池塘边上，看见水底有黄金的影子在晃动，就呼喊有金子，立即潜入水中，抓搅淤泥寻找金子，累得疲惫不堪，只好爬上岸来坐下歇息，等了一会，池水又清澈见底，水底又出现了金子的影子，于是又跳进水里去，捏着泥巴寻找，结果还是什么也没有找到。他父亲来找儿子，看见儿子这副狼狈相，便问儿子说："你在干什么，怎么累成这个样子?"儿子说："我看见水底下有金影，几次跳进水里，想从水底的淤泥里找到它，把泥都翻遍了，累得要死，也没找到。"父亲看到水底下果然有金子的影子，知道这金子在池边的树上，这是由于树上金子的影子倒映在水里的缘故，便告诉儿子："这必定是一只鸟把一块金子叼到树杈上。"儿子就按父亲的话，爬上树找到了金子。

世间没有智慧的人，愚昧无知也是这样。
在无我的五阴身中，硬生出有我的想法。
如同蠢人看到金影，跳进水里辛苦寻找，
白白累得筋疲力尽，结果还是不曾找到。

梵天弟子造物因喻

婆罗门众皆言："大梵天王[1]是世间父，能造万物，造万物主者。"有弟子言："我亦能造万物。"实是愚痴，自谓有智。语梵天言："我欲造万物。"梵天王语言："莫作此意，汝不能造。"不用天语，便欲造物。梵天见其弟子所造之物，即语之言："汝作头太大，作项[2]极小；作手太大，作臂极小；作脚极小，作踵[3]极大。作如似毗舍阇鬼。"以此义，当知各各自业所造，非梵天能造。

诸佛说法，不著二边。亦不著断[4]，亦不著常[5]，如似八正道[6]说法。诸外道见是断、见常事已，便生执著，欺诳世间，作法形像，所说实是非法。

【注释】

〔1〕大梵天王：又名大梵王，或梵王，因大梵王是初禅天之王，故名大梵天王。 〔2〕项：脖子。 〔3〕踵：脚后跟。 〔4〕断：即断见，认为人的身心断灭后不再续生的妄见。 〔5〕常：即常见，认为人的身心在过去、未来、现在均皆常住，无有间断的妄见。

〔6〕八正道：又名八圣道，即八条圣者的道法。一、正见，即正确的知见。二、正思惟，即正确的思考。三、正语，即正当的言语。四、正业，即正当的行为。五、正命，即正当的职业。六、正精进，即正当的努力。七、正念，即正确的观念。八、正定，即正确的禅定。修

此八正道，可证得阿罗汉果。

【译文】

梵天弟子创造万物的比喻

婆罗门教的信徒都说："大梵天王是世间之父，他能创造万物，是创造万物的主宰者。"大梵天王有一个弟子说："我也能造万物。"这实在太愚蠢，却自以为很聪明，他告诉大梵天王说："我要创造万物。"大梵天王告诉他："你不要有这样想法，你是不能造出万物的。"但这弟子不听师父的话，就私自开始创造了万物。大梵天王看了他弟子所创的万物之后，就说："你造的人物，脑袋太大，脖子太小；手太大，胳膊太小；脚太小，脚后跟太大；好像一个头项瘦长、肚大如海的饿鬼。"从这件事就可以知道，每一个人和五道众生都是各人各依自己的业力行为感果受报，并不是什么大梵天王所能造作的。

诸佛说法，不著二种边见，不著常见，也不著断见，像说"八正道"那样不依偏邪之行。但是外教修道人看到一些似乎是断或是常的表面现象之后，就执著以为真是断或真是常，欺哄世间缺乏正确认识的人，提出一些似是而非的说法，实际上所说的并不是正法。

病人食雉肉喻

昔有一人，病患委笃[1]，良医占之云：“须恒食一种雉[2]肉，可得愈病。”而此病者，市得一雉，食之已尽，更不复食。医于后时，见便问之：“汝病愈未?”病者答言：“医先教我恒食雉肉，是故今者食一雉已尽，更不敢食。”医复语言：“若前雉已尽，何不更食?汝今云何止食一雉，望得愈病?”

一切外道，亦复如是。闻佛、菩萨无上良医说言：“当解心识[3]。”外道等执于常见，便谓过去、未来、现在唯是一识，无有迁谢。犹食一雉，是故不能疗其愚惑、烦恼之病。大智诸佛，教诸外道，除其常见。一切诸法，念念[4]生灭，何有一识，常恒不变?如彼世医，教更食雉，而得病愈。佛亦如是，教诸众生，令得解诸法坏故不常、续故不断，即得划除常见之病。

【注释】

〔1〕笃（dǔ）：指病得很重。　〔2〕雉（zhì）：指野鸡、山鸡。　〔3〕心识：心，梵语是质多，集起为义，指阿赖耶识所含藏积集的善恶种子；识，梵语是毗若南，主要的意义是了别为性，是指依意根生起的前六识，了别的作用。　〔4〕念念：连续不断的意念。

【译文】

病人吃山鸡肉的比喻

从前有一个人，身患重病。医生诊断后告诉他："只要坚持吃山鸡肉，就会好起来。"但是这个病人去市场买了一只山鸡，吃了之后，就不再吃了。医生后来碰到他，问起来："近来你的病好了吗？"病人说："你先前教我常吃山鸡肉，不过所有的山鸡都是一样，所以吃了一只，就不再吃了。"医生又问他："你吃完一只山鸡肉，为什么不继续吃下去？你为什么只吃一只山鸡肉就希望病全好？"

所有佛门之外信徒，他们也是这样。他们听到无上良医——佛、菩萨说法："应当解悟人的意识。"外教徒由于执著常见，就认为过去、未来、现在的世界是永存的，没有变化和兴衰的演变。犹如病人只吃一只山鸡不能治病的道理一样，不能使自己脱离愚昧疑惑和烦恼。具有大智慧的诸佛教导一些外教徒除去他们的常见。一切事物和现象都在每一短暂的心念中不断发生生灭变化，哪有一个心识经常永恒不变的？就像这位世医教病人常吃山鸡肉可以治好病一样，佛也教众生，使他们得以解悟，经常观察一切事物和现象有生必有灭，所以不是常；有灭也有生，所以不是断。这样说，可以完全铲除常见之病。

伎儿着戏罗刹服共相惊怖喻

昔乾陀卫国[1]有诸伎儿，因时饥俭，逐食他土。经婆罗新山，而此山中，素饶恶鬼、食人罗刹[2]。时诸伎儿会宿山中，山中风寒，然[3]火而卧。伎人之中有患寒者，着彼戏衣罗刹之服，向火而坐。时行伴中从睡寤[4]者，卒见火边有一罗刹，竟不谛[5]观，舍之而走。遂相惊动，一切伴侣悉皆逃奔。时彼伴中着罗刹衣者，亦复寻逐奔驰绝走。诸同行者见其在后，谓欲加害，倍增惶怖，越度山河，投赴沟壑[6]，身体伤破，疲极委顿，乃至天明，方知非鬼。

一切凡夫，亦复如是。处于烦恼饥俭善法，而欲远求常、乐、我、净无上法食，便于五阴之中横计于我。以我见[7]故，流驰生死，烦恼所逐，不得自在，坠堕三涂恶趣沟壑。至天明者，喻生死夜尽，智慧明晓，方知五阴无有真我。

【注释】

〔1〕乾陀卫国：国名，又称健陀罗国，在今巴基斯坦白沙瓦一带。　〔2〕罗刹：恶鬼的总名，男的叫罗刹娑，女的叫罗刹私，或飞空，或地行，喜欢食人的血肉。　〔3〕然：同“燃”，点燃。　〔4〕寤（wù）：睡醒。　〔5〕谛：细察。　〔6〕沟壑（hè）：山沟、溪谷。

〔7〕我见：又名我执，一切众生的肉体和精神，都是因缘所生法，本无我的实体存在，但吾人都在此非我法上，妄执为我，称为我见。

【译文】

艺人穿罗刹戏装自相惊吓的比喻

从前乾陀卫国有一群演戏的艺人，因为遇上年岁饥荒，就到别处去找活路。路过婆罗新山，这山里一向有许多恶鬼，还有吃人的罗刹。艺人们夜里住宿在山里，山中风大天冷，大家点火取暖，在火旁睡去。半夜里，他们中有一个人感到寒冷，就起来穿上装扮罗刹的戏装，对火坐着。一个同伴从睡梦中醒来，突然看到火旁边坐着一个罗刹，顾不得仔细看，爬起来就跑。一下子惊动了其他伙伴，大家一起跟着跑起来。那穿罗刹衣裳的人没弄明白也跟着大家狂奔。前面逃跑的人看见他紧跟在后面，以为罗刹要追着吃人，更加恐惧怖慌，大家翻山渡河，跳进河里沟里，摔伤摔破，真是疲惫极了。一直到天亮，才知道后面追赶的不是罗刹。

世间凡夫就是这样。凡夫被喧哗烦恼逼乱心神，而想要求无上长养慧命之法，永享常、乐、我、净的妙乐。但由于一向我见炽盛，固执色、受、想、行、识五阴之身为我，以致在生死道中流转奔驰，为各种烦恼所困扰，使心不得自在，结果随入三途恶趣，奔走跌倒在山沟里，一直到天明。如同人们的生死之夜已尽，迷惑已去，自己智慧明晓，才知道色、受、想、行、识五阴假合之身并无真正的实我。

人谓故屋中有恶鬼喻

昔有故屋，人谓此室，常有恶鬼，皆悉怖畏，不敢寝息。时有一人，自谓大胆，而作是言："我欲入此室中，寄卧一宿。"即入宿止。后有一人，自谓胆勇，胜于前人。复闻傍人，言此室中，恒有恶鬼，即欲入中，排〔1〕门将前。时先入者，谓其是鬼，即复推门，遮〔2〕不听前。在后来者，复谓有鬼。二人斗诤，遂至天明。既相睹已，方知非鬼。

一切世人，亦复如是。因缘暂会，无有宰主，一一推析，谁是我者？然诸众生，横计是非，强生诤讼。如彼二人，等无差别。

【注释】

〔1〕排：推开。　〔2〕遮：挡。

【译文】

人称旧屋闹鬼的比喻

从前有一间旧房子，人们都说这屋里经常闹鬼，大家都很害怕，没有人敢去住。这时有一个人认为自己胆子大，就这样说："我倒要到那房子里去睡一夜看看。"于是就进去睡了。后来又有一个人，自称胆量要比前一个人更大，也听说这屋里常有恶鬼，也想去住。他推开门准备进去，那个先进去住的人认为是鬼来了，立刻把门堵住，不让他进来。后来的人也认为屋里真的有鬼。两个人你推我关，互不相让，一直闹到天亮。天亮一看，才知道谁也不是鬼。

世间人也是这样。一切诸法都是由因和缘暂时会合而成，实际没有真实的主宰者。只要从事物本身的各个方面一件一件去推求分析，究竟哪一个才是实在的“我”？可是人们却硬要是此非彼，强行争辩不休。这与空屋子里外两人互认对方是鬼的情况是一样的，没什么不同。

五百欢喜丸喻

昔有一妇，荒淫无度，欲情既盛，嫉恶其夫。每思方策，规欲残害，种种设计，不得其便。会值其夫，聘使邻国。妇密为计，造毒药丸，欲用害夫。诈语夫言："尔今远使，虑有乏短，今我造作五百欢喜丸[1]，用为资粮，以送于尔。尔若出国，至他境界，饥困之时，乃可取食。"夫用其言，至他界已，未及食之。于夜暗中，止宿林间，畏惧恶兽，上树避之，其欢喜丸忘置树下。即以其夜，值五百偷贼，盗彼国王五百匹马并及宝物，来止树下。由其逃突，尽皆饥渴，于其树下，见欢喜丸，诸贼取已，各食一丸，药毒气盛，五百群贼一时俱死。时树上人，至天明已，见此群贼死在树下，诈以刀箭斫射死尸，收其鞍马并及财宝，驱向彼国。

时彼国王，多将人众，案迹来逐。会于中路，值于彼王。彼王问言："尔是何人？何处得马？"其人答言："我是某国人，而于道路值此群贼，共相斫射。五百群贼，今皆一处，死在树下。由是之故，我得此马及以珍宝，来投王国。若不见信，可遣往看，贼之疮痍，杀害处所。"王时即遣亲信往看，果如其言。王时欣然叹未曾有。既还国已，厚加爵赏，大赐珍宝，封以聚落。彼王旧臣，咸生嫉妒，而白王言："彼是远人，未可服信，如何卒尔宠遇过厚？至于爵赏，踰越旧臣。"远人闻已，而作是言："谁有勇健，能共我试？请于平原，校其技能。"旧人愕然，无敢敌者。

后时彼国，大旷野中，有恶师子，截道杀人，断绝王路。时彼旧臣，详共议之："彼远人者，自谓勇健，无能敌者。今复若能杀彼师子，为国除害，真为奇特。"作是议已，便白于王。王闻是已，给赐刀杖，寻即遣之。尔时远人，既受敕已，坚强其意，向师子所。师子见之，奋激鸣吼，腾跃而前。远人惊怖，即便上树。师子张口，仰头向树。其人怖急，失所捉刀，值师子口，师子寻死。尔时远人，欢喜踊跃，来白于王。王倍宠遇。时彼国人，卒尔敬服，咸皆赞叹。

其妇人欢喜丸者，喻不净施[2]；王遣使者，喻善知识；至他国者，喻于诸天；杀群贼者，喻得须陀洹[3]，强断五欲并诸烦恼；遇彼国王者，喻遭值贤圣；国旧人等生嫉妒者，喻诸外道，见有智者能断烦恼及以五欲，便生诽谤，言无此事；远人激厉而言旧臣无能与我共为敌者，喻于外道无敢抗衡；杀师子者，喻破恶魔，既断烦恼，又伏恶魔，便得无著道果[4]封赏。每常怖怯者，喻能以弱而制于强。

其于初时虽无净心，然彼其施，遇善知识便获胜报。不净之施，犹尚如此。况复善心，欢喜布施？是故应当于福田所，勤心修施。

【注释】

〔1〕欢喜丸：古代印度一种食品，又名欢喜团。它是用面粉或其它粮食和糖及香料制成。 〔2〕不净施：不以清净心布施而求果报。〔3〕须陀洹：旧译为入流，新译为预流，是声闻乘四果中的初果名。入流是初入圣人之流的意思，预流是预入圣者之流的意思。 〔4〕无著道果：以无碍之行修习菩提道，以达到涅槃妙果。

【译文】

五百颗毒药丸的比喻

从前有一个妇人，性情淫荡，情欲旺盛，因此很讨厌自己的丈夫，常常想办法，要把他害死，想了种种办法，都没有得逞。一次，恰好她丈夫奉命聘使邻国，她暗地想了一个毒计，做了五百颗毒药丸，想用它来毒死丈夫。她假意告诉丈夫说："你要出使远方，怕你在路上缺少吃的，我特意做了五百个欢喜丸，送给你作干粮。你到外国，要是饿了困了，可以拿出来充饥。"丈夫信了她的话，到了外国，还没来得及吃。夜里，他住宿在一个树林里。为了躲避猛兽的伤害，他爬到了树上，带的欢喜丸忘掉在树下，恰好这天夜里有五百个盗贼偷了国王五百匹马和其他一些珍宝，来到树下。盗贼们走得慌忙，又渴又饿，看到树下有五百颗欢喜丸，每个贼就各自取吃了一丸。毒药力量极强，不一会儿五百个贼一下子都死去。到了天亮，树上这人看见这一群盗贼都死在树下，便把死尸一个一个用刀砍箭射，假做成战死的样子，然后赶着盗贼们偷来的马，驮着财宝，往城里走去。

这时国王正带着许多人马，顺着盗贼逃去的方向跟踪追来，他在半路上正好碰上国王。国王问他："你是什么人？从哪里得到这些马匹？"他回答说："我是某国人，在路上遇到这些盗贼，我和他们砍杀射击，现在那五百个盗贼已经被我全都杀死在前面树林里，我因此夺得这些马匹、珍宝，正打算送到您那里去。如果大王不相信，可以派人到前面我杀死盗贼的地方去看看。”国王立刻派了亲信前去查看，果然像他所说的一样。国王非常高兴，惊叹这是从有没有过的事情。回到城里，封给他大官，还赏给他一些珍宝，分给他领土田地。国王的旧臣们心里很嫉妒他，对国王说：“他是一个远处来的人，不可深信。大王怎么一下子就这样宠爱他，封官赏赐，超越了一些老臣？”这人听了此话，就说：“你们谁有勇气和武力，敢和我比试比试？请他来和我在平地上比个高低？”这些旧臣听了十分惊慌，没有谁敢和他比。

后来，这个国家的荒野中，出现了一只凶恶的狮子，拦路伤人，把大路的交通都断绝了。旧臣们就一起议论：“这个远处来的人，自称自己是多么勇敢，武艺高强，没有敌手。要是现在能杀死这只狮子，为国除害，那就真了不起。”他们商量好后，就告诉国王。国王听了这些旧臣们的话，遂即赐给这人刀杖等武器，派他去杀死那只狮子。他得到命令，只好硬着头皮，鼓起勇气，来到狮子经常出没的地方。狮子看见有人来，奋起威风，大声咆哮，腾跃向前，把他吓得了不得，赶紧爬到树上。狮子张着大口，仰起头，望着树上。他惊慌失措，手里提的刀不觉失手掉落，恰恰落在狮子张着的嘴里。狮子立刻死了。这人高兴得不得了，连蹦带跳去报告了国王。从此国王对他更加宠爱优待。最后全国的人都十分敬佩他，称赞他。

这段故事里，那妇人做的欢喜丸，比喻各种以妄心行布施的“不净施”；王遣其夫作使者，比喻善知识；聘使邻国，比喻上生诸天。杀死盗贼，比喻善知识得到声闻乘须陀洹初果，坚持断除五欲及诸烦恼；路中遇见国王，比喻得遇圣贤；旧臣生嫉妒心，比喻外道修行人见到智者能断五欲及诸烦恼，便生诽谤，说无此事；旧臣没有一个敢与远人比试，比喻外道修行人不敢与已见道的初果人相抗衡；远人使狮子致死，比喻破了恶魔；既断除了烦恼，又降伏恶魔，比喻得到无碍菩提涅槃这样的宠遇和封赏；平常畏惧怯懦，比喻以弱制强，静以制动。

总的来说，尽管初时虽然不是出于清净心行布施，但由于它是施给了善知识，便得到了各种殊胜的果报。不净施的果报尚且如此殊胜，何况以善心、欢喜心去行布施呢？所以应当对于能种福田的对象（包括父母师长、三乘贤圣、贫穷困苦之人等）勤心修行布施。

口诵乘船法而不解用喻

昔有大长者子，共诸商人，入海采宝。此长者子，善诵入海捉[1]船方法：若入海水漩洑、洄流、矶激之处，当如是捉，如是正，如是住。语众人言："入海方法，我悉知之。"众人闻已，深信其语。既至海中，未经几时，船师遇病，忽然便死。时长者子，即便代处。至洄澓驶流之中，唱言[2]："当如是捉，如是正。"船盘回旋转，不能前进至于宝所。举船商人，没水而死。

凡夫之人，亦复如是。少习禅法，安般[3]、数息[4]及不净观。虽诵其文，不解其义。种种方法，实无所晓。自言善解，妄授禅法，使前人迷乱失心，倒错法相，终年累岁，空无所获。如彼愚人，使他没海。

【注释】

〔1〕捉：驾驶。　〔2〕唱言：大声喊着。　〔3〕安般：梵语，亦译安那般那，这里指一种出息、入息的修行法门。　〔4〕数息：默数呼吸的出入以停止心想散乱的观法，为五停心观之一。

【译文】

背诵驾船方法而不会驾船的比喻

从前有一位大长者的儿子，和一些商人到大海中去采宝。

这位大长者的儿子很会背诵入海驾船的方法，如果船进入大海，遇到有漩涡、回流、礁石之类的地方，应该怎样驾，怎样撑，怎样停。他告诉大家说："入海驾船的方法，我全掌握。"大家听了，都相信他所说的话。

船到了大海中，没有多久，船师生了疾病，突然死去。这时大长者的儿子就代替死去的船师的位置。船驶到了有漩涡的急流中，长者儿子大声喊道："应当这样驾、这样撑。"可是这条船不听使唤，只在水中盘旋打转，不能继续前进，没法到达采宝的地方。随后一船商人，都落水而死。

世间凡夫就是这样。稍稍修习了一下禅法，知道安般、数息观及不净观的观法，虽然记住了其中一些名词术语，但并不理解它的意义。修观的种种方法实际并不了解，却自己说善解禅法，就妄乱传授，致使来学的人迷失正知正见，颠倒错乱禅法的正行，弄得终年一无所得。正像那个不会驾船的蠢人导致全船商人葬身海底一样。

夫妇食饼共为要喻

昔有夫妇，有三番饼。夫妇共分，各食一饼，余一番在，共作要言：“若有语者，要不与饼。”既作要已，为一饼故，各不敢语。须臾有贼，入家偷盗，取其财物，一切所有尽毕贼手。夫妇二人，以先要故，眼看不语。贼见不语，即其夫前侵略[1]其妇。其夫眼见，亦复不语。妇便唤贼，语其夫言：“云何痴人，为一饼故，见贼不唤！”其夫拍手笑言：“咄！婢，我定得饼，不复与尔。”世人闻之，无不嗤笑。

凡夫之人，亦复如是。为小名利故，诈现静默[2]。为虚假烦恼种种恶贼之所侵略，丧其善法，坠堕三涂，都不怖畏。求出世道，方于五欲，耽着嬉戏，虽遭大苦，不以为患。如彼愚人，等无有异。

【注释】

〔1〕侵略：指轻薄侮辱。　〔2〕诈现静默：虚假地表现出凝神专注、证悟清澄境界的样子。

【译文】

夫妇约定分饼的比喻

从前有一对夫妇，家里有三个饼，二人各吃了一个，还剩下一个。两人约定："谁要是先开口说话，就不能得到这个饼。"订下约定之后，为了这一个饼，各自都不敢说话。不久，有贼人进屋偷他们的东西，把一切最贵重的财物都偷到了手里，可是夫妇二人因为有约定在先，虽然眼看见也不说话。贼人看到他们不说话，便当着丈夫的面，凌辱起他的妻子。她的丈夫亲眼看着，还是不说话。妻子急了，便大喊有贼，又对丈夫说："你这个呆子，怎的为了一个饼，眼看着贼人也不喊!"她的丈夫却拍手笑着说："哈哈，蠢妇人，这饼该是我的了，再没有你的份。"人们听了这事，没有谁不发笑。

世间就有蠢人干这种事。为了一点小名小利，表面装出一副慈悲安详的样子，心里却受到这种虚伪的烦恼如同种种恶贼的侵袭困扰，失去了本有的清净善法，堕落到三恶道之中，却不知道有所害怕。想求出离世间的正道，可是还在贪着五欲的苦中之乐，虽然要遭受未来的大苦也不以为患。这正像那个愚蠢的丈夫为了一个饼，就置妻子、财物于不顾一样。

共相怨害喻

昔有一人，共他相瞋，愁忧不乐。有人问言："汝今何故，愁悴如是?"即答之言："有人毁我，力不能报。不知何方，可得报之？是以愁耳。"有人语言："唯有毗陀罗咒[1]可以害彼，但有一患，未及害彼，返自害己。"其人闻已，便大欢喜："愿但教我。虽当自害，要望伤彼。"

世间之人，亦复如是。为瞋恚故，欲求毗陀罗咒用恼于彼，竟未害他，先为瞋恚，反自恼害，堕于地狱、畜生、饿鬼。如彼愚人，等无差别。

【注释】

〔1〕毗陀罗咒：梵语，意为起尸鬼。印度古代的一种咒术，据说念此咒的人能使死尸起而杀人，但死尸杀人后往往还杀念咒人。

【译文】

用咒语害仇人的比喻

从前有一个人，因为和人结下了仇，经常忧愁不乐。有人问他："有什么事情惹得你愁成这个样子?"他回答说："人家欺负我，我干不过他。我又不知道用什么法子才能报仇，所以发愁。"别人告诉他："只要会念毗陀罗咒，就可以伤害你那仇人。但是念这咒语有一个缺点，就是在害你的仇人之前，先得伤害你自己。”那人听了这话，非常高兴地说：“只要能教我学会它，虽然这会害我自己，但我还是希望伤害那仇人。”

世间某些人的处世方法也是这样。由于小小的怨恨，就想要用《毗陀罗咒》恼怒于对方。也许未能害人，首先由于怨恨，反害了自己，并因此而堕落到地狱、畜生、饿鬼三恶道之中。这和上面那个想害仇人的蠢人没有什么不同。

效其祖先急速食喻

昔有一人，从北天竺[1]至南天竺。住止既久，即聘其女，共为夫妇。时妇为夫造设饮食，夫得急吞，不避其热。妇时怪之，语其夫言："此中无贼劫夺人者，有何急事，匆匆乃尔，不安徐[2]食？"夫答妇言："有好密事，不得语汝。"妇闻其言，谓有异法，殷勤问之。良久乃答："我祖父已来，法常速食，我今效之，是故疾耳。"

世间凡夫，亦复如是。不达正理，不知善恶，作诸邪行，不以为耻，而云我祖父已来，作如是法。至死受行[3]，终不舍离。如彼愚人，习其速食，以为好法。

【注释】

〔1〕天竺：国名，即今之印度。 〔2〕徐：缓慢、从容。 〔3〕受行：指始终在苦恼、欢乐、离舍的境界中度日。

【译文】

仿效祖先速食的比喻

从前有一个人，他从印度北部来到印度南部后，因为在当地住的时间已久，就娶了当地一个女子结为夫妻。每回他妻子给他做好热汤热饭之后，他便立即狼吞虎咽地一吃而光，丝毫不顾烫热之苦。妻子觉得很奇怪，告诉她的丈夫说："这里没有抢劫的强盗，你有什么急事，慌成这样？为什么不安心慢慢地、舒舒服服地吃?”丈夫说：“这是一个秘密，我不能告诉你。”妻子听了他的话，总以为他修什么奇异的法术，再三地追问他。过了很久，丈夫才告诉她说：“从我的祖父和父亲以来，他们总是快吃快喝。我要效法我的先人，所以也快吃快喝。”

世间凡夫也是这样。不懂得真正的道理，也不懂得哪是好哪是坏，做了一些不符合世间正见的事，不以为耻，反而说我的先人就是这样，一直到死，始终在苦恼、欢乐、离舍的境界中度日。就像这个蠢人学着先人急速吃喝，把它当作好的传统来保持一样。

尝庵婆罗果喻

昔有一长者，遣人持钱，至他园中，买庵婆罗果[1]，而欲食之。而敕之言："好甜美者，汝当买来。"即便持钱，往买其果。果主言："我此树果，悉皆美好，无一恶者。汝尝一果，足以知之。"买果者言："我今当一一尝之，然后当取。若但尝一，何以可知？"寻即取果，一一皆尝，持来归家。长者见已，恶而不食，便一切都弃。

世间之人，亦复如是。闻持戒施得大富乐，身常安隐，无有诸患，不肯信之，便作是言："布施得福，我自得时，然后可信。"目睹现世贵贱贫穷，皆是先业所获果报，不知推一以求因果；方怀不信，须己自经，一旦命终，财物丧失，如彼尝果，一切都弃。

【注释】

〔1〕庵婆罗果：即芒果。

【译文】

品尝芒果的比喻

从前有一位长者，想吃芒果，派人拿了钱到果园去买。临去的时候嘱咐买果的人："要甜的，好吃的，你才买。"买果的人就拿了钱去买果子。果园的主人告诉买果的人说："我们这里的果子都是最好的，没有一个坏的。你尝一个，就知道了。”买果的人说：“我要一个一个地都尝了，然后才能买。要是只尝一个，怎么知道全是好的？”于是他把果子一个一个地都尝了，然后买下，带回家去。长者见了，觉得很恶心，一齐都扔了。

世间就有这样的人。听说持戒、布施可以导致大富、大乐，身子会常感到安稳，不会发生一切灾害。有些不相信这种说法的人，就说：“布施可以得福，我要自己真的得了福，才能使我相信。”他亲见现在世间有贵、有贱，有富、有贫，这些都是先世业行所得的果报。但是他不知道由此来类推，以求得其中的因果关系，却怀着不相信的态度，要求自己都亲身经历才算数。等到哪一天自己的末日到来，一切财物已不是自己所有的了，就像买芒果的人要把果子一个一个尝遍了才买一样，最后长者只能把果子一齐都扔掉。

为二妇故丧其两目喻

昔有一人，聘取二妇。若近其一，为一所瞋。不能裁断，便在二妇中间，正身仰卧。值天大雨，屋舍淋漏，水土俱下，堕其眼中。以先有要[1]，不敢起避，遂令二目俱失其明。

世间凡夫，亦复如是。亲近邪友，习行非法，造作结业[2]，堕三恶道，长处生死，丧智慧眼。如彼愚夫，为其二妇故，二眼俱失。

【注释】

〔1〕要：约定。 〔2〕结业：指由烦恼而生的思想与行为。

【译文】

为两个妻子失去双眼的比喻

从前有一个人，娶了两个妻子，要是他亲近其中的一个，另外一个就不高兴。他自己也没法决定，该怎样去调和他们之间的关系。于是他在两个妻子的中间，直着身子仰面躺着。一次碰到天下大雨，屋顶漏水，雨水和泥土一齐往下流，恰好掉在他眼睛里。他因为有约在先，不敢起来躲避，两只眼睛都被泥水打伤，以致瞎了。

世间的蠢人也像他这样。亲近邪恶之人为友，学一些歪门邪道，起惑造业，结成苦果，堕落到三恶道中，长久处于生死长夜，永远丧失了走向光明的智慧之眼。就像那个蠢人为了两个妻子失去双眼一样。

唵米决口喻

昔有一人，至妇家舍，见其捣米，便往其所，偷米唵[1]之。妇来见夫，欲共其语，满口中米，都不应和。羞其妇故，不肯弃之，是以不语。妇怪不语，以手摸看，谓其口肿，语其父言："我夫始来，卒得口肿，都不能语。"其父即便唤医治之。时医言曰："此病最重，以刀决[2]之，可得差[3]耳。"即便以刀，决破其口，米从中出，其事彰露。

世间之人，亦复如是。作诸恶行，犯于净戒[4]，覆藏其过，不肯发露，堕于地狱、畜生、饿鬼。如彼愚人，以小羞故，不肯吐米，以刀决口，乃显其过。

【注释】

〔1〕唵（ǎn）：指含在嘴里。　〔2〕决：割开。　〔3〕差：治愈。　〔4〕净戒：清净的戒行。

【译文】

偷食米被割开嘴的比喻

从前有一个人，到了妻子的娘家，看见妻子正在捣米，他乘妻子进房的空隙，偷了一把米含在嘴里。妻子看见丈夫来了，想同他谈话，丈夫满嘴含着米，只好不作声。因怕妻子知道难为情，便不肯把米吐出来，所以不能说话。妻子见丈夫不说话，觉得很奇怪，用手去摸摸，以为是口肿，就对她父亲说："我丈夫才来，突然得了肿嘴症，说不出话来！"她父亲即刻请医生来给他诊治，医生看了后说："这种病很重，需要立即用刀切开嘴巴，才能治好他的病。"说罢，从挎包里取出手术刀，割开那位丈夫的嘴巴，米就从刀割开的口子漏出来，事情的真相也就暴露了。

世间的人也有相似的情况。有的人作了一些坏事，违反了清净的戒律，却总是隐藏自己的过错，不肯说出来求忏悔，以致后来难免堕落到地狱、畜生、饿鬼三恶道中去。这正像那个蠢人为了掩饰偷食米的难为情，不肯吐出米来，直至用刀来切开他的嘴巴，才暴露出他的过错。

诈言马死喻

昔有一人，骑一黑马，入阵击贼。以其怖故，不能战斗，便以血污，涂其面目，诈现死相[1]，卧死人中。其所乘马，为他所夺。军众既去，便欲还家，即截他人白马尾来。既到舍已，有人问言："汝所乘马，今为所在？何以不乘？"答言："我马已死，遂持尾来。"傍人语言："汝马本黑尾。何以白？"默然无对，为人所笑。

世间之人，亦复如是。自言善好，修行慈心，不食酒肉；然杀害众生，加诸楚毒[2]，妄自称善，无恶不造。如彼愚人，诈言马死。

【注释】

〔1〕诈现死相：装死。　〔2〕楚毒：痛苦毒害。

【译文】

谎称战马已死的比喻

从前有一个人，骑着一匹黑马到战场和敌人作战，由于他心里害怕，不敢与敌人交锋，便弄了一些污血涂在脸上，装着死的模样，躺在死人中间。他骑的马也被别人抢去。交战的军队撤离之后，他打算回家，就从别人一匹死白马的尾巴割取一截马尾带回来。到了家里，就有人问他："你骑的马现在哪里？

为什么不骑呢?”他回答说:“我的马已经战死了,把它的尾巴带了回来。”旁的人对他说:“你骑的马本是黑色的尾巴,你带回来的尾巴怎么会是白的?”他答不出话来,因而遭到大家所讥笑。

世间的人也做这样的事。自己说是行善、做好事,修慈悲心,不吃酒肉。但是他却杀害众生,并加以虐待,自己还说是在行善,其实什么罪恶行为他都在干,就像那个蠢人欺骗人家说是黑马死了一样。

出家凡夫贪利养喻

昔有国王，设于教法，诸有婆罗门等，在我国内，制抑洗净。不洗净者，驱令策使种种苦役。有婆罗门，空捉澡灌[1]，诈言洗净。人为其著水，即便泻弃，便作是言："我不洗净，王自洗之。"为王意故，用避王役，妄言洗净，实不洗之。

出家凡夫，亦复如是。剃头染衣[2]，内实毁禁，诈现持戒，望求利养，复避王役；外似沙门，内实虚欺。如捉空瓶，但有外相。

【注释】

〔1〕澡灌：指出家人盛洗手洗脸水的器皿。　〔2〕染衣：即僧衣，以木兰色等坏色染过，故名染衣。

【译文】

出家凡夫贪图利益供养的比喻

从前有一个国王，制订了一个教规：凡是国内的婆罗门教徒，一定要做到洗净身体。如果不洗净的，要强迫他做各种劳役。有一个婆罗门教徒，提着一个空的水罐，谎言自己已经洗净了。别人给他在水罐里加水，他随后就把给他加入的水倒掉。他说："我不洗净，国王也会认为我已洗净了。"为了遵守国王制订的教规，以逃避国王的苦役，骗人说是洗净了，实际并没有洗。

出家的凡庸之辈有些就是这样。剃了头发，穿上染色的法衣，可是内心却实际在毁坏禁戒。假装坚持戒律，骗取人们的供养，还可以逃避国家的税役。这种外貌虽像出家人，内心实际是在虚伪欺骗，就像那个提着空澡罐的婆罗门，只是徒有外表。

驼瓮俱失喻

昔有一人，先瓮中盛谷。骆驼入头，瓮中食谷，又不得出。既不得出，以为忧恼。有一老人，来语之言："汝莫愁也，我教汝出。汝用我语，必得速出。汝当斩头，自得出之。"即用其语，以刀斩头。既复杀驼，而复破瓮。如此痴人，世间所笑。

凡夫愚人，亦复如是。悕〔1〕心菩提，志求三乘，宜持禁戒，防护诸恶。然为五欲，毁破净戒。既犯禁已，舍离三乘，纵心极意，无恶不造。乘及净戒，二俱捐〔2〕舍。如彼愚人，驼瓮俱失。

【注释】

〔1〕悕（xī）：原意为悲伤，这里由信而发的菩提心。　〔2〕捐：抛弃、舍弃。

【译文】

骆驼和坛子一起破损的比喻

从前有一个人，先在坛子里放了一些谷子。一天，他养的骆驼把头伸进坛子里去吃谷子，头出不来了。骆驼的头被套在坛子里弄不出来，他着急地发愁。有一个老头走来，告诉他说："你别愁，我教你怎么把骆驼的头弄出来。你照我说的办，准能很快地弄出来。你先把骆驼的头砍下来，再砸破坛子，头自然就出来了。”于是这人按照老头说的去做，先砍了骆驼的头，又砸破了坛子。这样的蠢人，自然被世人笑话。

世间的蠢人也是这样。虔诚地向往获得正觉，依小、中、大三乘随分进修，就应当严格持戒，防非止恶，但是由于贪着利、名、色、食、睡五欲之乐，以致犯了清净戒律。在破戒之后，又舍离了见性悟道的三乘，纵情任意，无恶不作。这样就使入佛的两大要门——乘门和戒门都丧失了，正如那个蠢人既杀了骆驼，又打破了坛子一样。

田夫思王女喻

昔有田夫，游行城邑，见国王女，颜貌端正，世所希有，昼夜想念，情不能已。思与交通，无由可遂。颜色瘀黄，即成重病。诸所亲见，便问其人："何故如是?"答亲里言："我昨见王女，颜貌端正，思与交通，不能得故，是以病耳。我若不得，必死无疑。"诸亲语言："我当为汝作好方便，使汝得之，勿得愁也。"后日见之，便语之言："我等为汝，便为是得，唯王女不欲。"田夫闻之，欣然而笑，谓呼必得。

世间愚人，亦复如是。不别时节春秋冬夏，便于冬时掷种土中，望得果实，徒丧其功，空无所获，芽茎枝叶一切都失。世间愚人，修习少福，谓为具足，便谓菩提[1]已可证得。如彼田夫，悕望王女。

【注释】

〔1〕菩提：华译为觉，是指能觉法性的智慧说的，也就是漏尽人的智慧。

【译文】

农夫思念国王女儿的比喻

从前有一个农夫，一次到城里去游玩，碰巧看见国王的女儿。国王的女儿相貌端正，世上稀有。农夫看见后，就日夜思念，感情不能抑制，想和国王的女儿接近，可是又没有机会。因此郁郁寡欢，愁得面黄肌瘦，竟至成了大病。亲戚们见到他这个模样，就问他："你为什么这样?"他回答说："我上次碰到国王的女儿，她相貌真是好极了。我想能和她认识，可是又办不到，所以得了这场大病。我要是得不到她，只有必死无疑了。"亲戚们说："那我们为你想个办法，让你得到她。你别发愁。"几天之后，亲戚们对他说："我们为你想到一个能得到国王女儿的办法，只是国王女儿不愿意。"农夫听了这话，高兴地笑了，认为呼叫她就一定能得到她。

世间的蠢人也是这样。不考虑春、夏、秋、冬四季的时令，冬天却下种在土里，希望它长成果实，这只是浪费功夫，必然毫无所获，芽、茎、枝、叶一切都不会有。世间的蠢人修了一点福果的善业，就以为圆满具足，可以证得菩提道果了，这正像那个农夫思念王女一样，不过是痴心妄想。

搆驴乳喻

昔边国人，不识于驴，闻他说言驴乳甚美，都无识者。尔时诸人，得一父驴，欲搆[1]其乳，诤共捉之。其中有捉头者，有捉耳者，有捉尾者，有捉脚者，复有捉器者，各欲先得，于前饮之。中捉驴根，谓呼是乳，即便搆之，望得其乳。众人疲厌，都无所得，徒自劳苦，空无所获。为一切世人之所嗤笑。

外道凡夫，亦复如是。闻说于道不应求处，妄生想念，起种种邪见，裸形[2]、自饿[3]、投岩[4]、赴火[5]，以是邪见，堕于恶道，如彼愚人，妄求于乳。

【注释】

〔1〕搆（gòu）：这里指挤奶。　〔2〕裸形：古代印度二十种外道之一。即提倡以太空为衣的裸体生活，以裸行为正行。　〔3〕自饿：六种苦行外道之一。又名自饿外道。其修行不羡饮食，长忍饥饿，坚持苦行以为得果之因。　〔4〕投岩：又名投岩外道。其修行要求投入寒冷的深渊之中，忍受冻苦，坚持此苦行以为得果之因。　〔5〕赴火：又名赴火外道。其修行须经常炙烤身体及熏蒸等，坚持此苦行以为得果之因。

【译文】

挤公驴奶的比喻

从前在边远地区居住的人，没有见过驴子，不知驴子是种什么样的动物，只是听人说驴奶很好吃，可是却没有人真正见识品尝过。当时，有几个人得到一头公驴，却想要挤出它的奶来尝一尝，于是争先恐后分头来捉驴。有的捉头，有的捉耳，有的捉尾，有的捉脚，还有的捉生殖器的。大家都想先得到驴奶，可以尝一尝它的美味。其中有人捉住驴生殖器的，大叫着说找到了乳头，就想从这里用力挤出奶来。大家劳累得筋疲力尽，什么也没有得到。后来人们都把它当作笑话来谈论。

外道和世间凡夫也是这样。听到了某些关于修道理论的只言片语，荒唐地胡乱猜想，生出各种错误的邪见。比如在大冷天裸体，忍苦自饿，或投身于悬崖，或投身于火而死。由于这些邪见，后来堕入三恶道中。这些不如法邪行，跟那个妄想从公驴身上得乳的蠢人正是一样。

与儿期早行喻

昔有一人，夜语儿言："明当共汝至彼聚落，有所取索。"儿闻语已，至明清旦，竟不问父，独往诣彼。既至彼已，身体疲极，空无所获。又不得食，饥渴欲死，寻复回来，来见其父。父见子来，深责之言："汝大愚痴，无有智慧。何不待我，空自往来，徒受其苦？为一切世人之所嗤笑。"

凡夫之人，亦复如是。设得出家，即剃须发，服三法衣[1]；不求明师，谘受道法，失诸禅定、道品功德，沙门妙果一切都失。如彼愚人，虚作往返，徒自疲劳。形似沙门，实无所得。

【注释】

〔1〕三法衣：即袈裟。有三种：一是僧伽梨衣，又名九条衣，上街托钵时所穿；二是郁多罗僧衣，又名七条衣，礼拜、听讲、布萨时所穿；三是安陀会衣，又名五条衣，为日常工作时或睡时所穿。

【译文】

父子约定早晨同行的比喻

从前有一个人，晚上告诉他的儿子说："明天你和我一起去一个村庄，讨取一些东西。"儿子听了，到第二天一清早，也没有告诉他父亲，便独自一个人赶到那个村庄。到了那里后，身体累极了，什么也没得到。并且没吃到饭，又饥又渴，累得要死。没办法只好转回家里，向父亲诉苦。父亲看到儿子回来，训斥他说："你真是笨极了，一点脑子都不用！为什么不等我？一个人空跑了一趟，不但白白吃苦，而且还要被人笑话。"

世间凡夫也是这样。在有机缘出家后，只想到要剃掉胡须头发，穿上应当穿的三种法衣，却不曾想到应当去求名师指点道法，失去了修习四禅八定的各类道品能得到的功能福德，也失去了正行僧依妙因而能得到的果位。如同那个蠢孩子徒然往返劳累一样。这种人虽然出家，心不入道，形式上像出家人，实际上毫无所得。

为王负机喻

昔有一王，欲入无忧园中，欢娱受乐，敕一臣言："汝捉一机[1]，持至彼园，我用坐息。"时彼使人，羞不肯捉，而白王言："我不能捉，我愿担之。"时王便以三十六机置其背上，驱使担之，至于园中。如是愚人，为世所笑。

凡夫之人，亦复如是。若见女人一发在地，自言持戒，不肯捉之。后为烦恼所惑，三十六物[2]，发、毛、爪、齿、屎、尿不净，不以为丑。三十六物一时都捉，不生惭愧，至死不舍。如彼愚人，担负于机。

【注释】

〔1〕机：通"几"，指安在席上，用以休息的小桌子。　〔2〕三十六物：指分解人体内外的三十六种不净之物。一是外相十二，如毛、发、爪、屎、尿等；二是身器十二，如皮、血等；三是内含十二，如赤痰、白痰等。

【译文】

为国王挑靠几的比喻

从前有一个国王，他准备到无忧园中玩耍作乐，吩咐一个臣子说："你去用手拿一张靠几到这里来，我要坐着休息。"这个臣子感到拿着靠几很不体面，就回禀国王说："我不能用手去拿靠几，我愿意背来。"于是国王就把三十六张靠几一齐放在他背上，让他背到园里。像这样的蠢人，人们都觉得可笑。

世间凡夫也常常会是这样。就好比看到女人的一根头发落在地上，认为应当保持清净的戒律，不肯把它捡起来。可是后来由于无明烦恼的干扰，对构成人身的三十六种要素，如发、毛、爪、齿、屎、尿等秽物，都不感到肮脏。三十六种不可接触的东西，件件都去接触抚摸，而不感到惭愧，甚至死也不愿意离开。就像这个蠢人愿意挑着靠几一样。

倒灌喻

昔有一人，患下部病，医言："当须倒灌，乃可差耳。"便集灌具，欲以灌之。医未至顷，便取服之，腹胀欲死，不能自胜。医既来至，怪其所以，即便问之："何故如是?"即答医言："向时灌药，我取服之，是故欲死。"医闻是语，深责之言："汝大愚人，不解方便。"即便以余药服之，方得吐下，尔乃得差。如此愚人，为世所笑。

凡夫之人，亦复如是。欲修学禅观种种方法，应观不净，反效数息[1]；应数息者，反观六界[2]。颠倒上下，无有根本，徒丧身命，为其所困，不谘良师，颠倒禅法。如彼愚人，饮服不净。

【注释】

〔1〕反效数息：指错误地修习观照出入息的法门。　〔2〕六界：又名六大，即地、水、火、风、空、识六法。此六法各有分界，故名为界。

【译文】

吃灌肠药的比喻

从前有一个人得了肚子痛的病，医生说："应该用药洗肠就会好。"说罢，便去准备灌肠器具，要给他洗肠。医生还没来，病人自己拿起药来吃了。结果肚子胀得厉害，疼痛难忍。一会儿，医生来了，看到病人这种样子，感到非常奇怪，就问他："这是怎么回事?"病人回答医生说："刚才准备的灌肠药，我拿来吃掉，所以现在肚子胀得要死。"医生听了病人的话，狠狠地责怪他说："你真是大蠢人，不了解药性怎么可以随便乱吃呢!"于是拿了那余下来的药给他灌了肠，才使肚里污秽的东西吐出来，肚痛也就好了。像这样的蠢人，当然会让人笑话。

世间凡夫也会像这样。想要学禅定和观心的种种方法，应该观想人生的各种污秽，破除对自身的执著修不净观，却反过来修数息观；应进入清澄境界修数息观，却修观六界所形成的繁华世界。这种不对机、不了解佛法的根本实义，把禅法的上与下给弄颠倒，当然不见实效。结果必致虚度身命的时光，被不适当的方法所困。不求明师咨询参学，以致颠倒禅法，错乱修习。这与那个蠢人把灌肠的药拿来口服没有两样。

为熊所啮喻

昔有父子与伴共行。其子入林，为熊所啮[1]，爪坏身体，困急出林，还至伴边。父见其子，身体伤坏，怪问之言："汝今何故，被此疮害？"子报父言："有一种物，身毛耽毵[2]，来毁害我。"父执弓箭，往到林间，见一仙人，毛发深长，便欲射之。傍人语言："何故射之？"此人无害，当治有过。

世间愚人，亦复如是。为彼虽着法服无道行者之所骂辱，而滥害良善有德之人。喻如彼父，熊伤其子，而枉加神仙。

【注释】

〔1〕啮（niè）：动物用牙啃或咬。 〔2〕毵（sān）：指毛发细长的样子。

【译文】

被熊咬的比喻

从前有父子俩，与别人结伴而行，这天儿子独自跑入丛林中，被一只熊咬了，并被爪子抓伤了身体。他赶忙逃出林子，回到同伴的身边。父亲看到儿子身体受伤的样子，感到奇怪，问他："怎么搞的，谁把你伤成这种样子？"儿子告诉父亲：

“林子里有一个怪物，身上的毛细长浓密，它把我咬成这个样子。”父亲拿起弓箭，一直奔往树林里，只见一位仙人，毛发又密又长。他不由分说便张弓搭箭要射。这时旁边的同伴说：“你干什么要射他？他并没有伤害人。你应该去射杀那伤你儿子的动物。”

世间的蠢人常会干出这样的事。我们虽然身穿着修行者的法衣，在受到没有道行的人所谩骂和侮辱后，却胡乱伤害到善良的、有德行的人。就好比这个做父亲的，熊伤害了他的儿子，他却不问青红皂白，冤枉加害那仙人。

比种田喻

昔有野人[1]，来至田里，见好麦苗生长郁茂，问麦主言："云何能令是麦茂好？"其主答言："平治其地，兼加粪水，故得如是。"彼人即便依法用之，即以水粪调和其田下种于地，畏其自脚蹋[2]地令坚，其麦不生。"我当坐一床上，使人舆[3]之，于上散种，尔乃好耳。"即使四人，人擎一脚，至田散种，地坚逾甚。为人嗤笑，恐已二足，更增八足。

凡夫之人，亦复如是。既修戒田，善芽将生，应当师谘，受行教诫，令法芽生，而返违犯，多作诸恶，便使戒芽不生。喻如彼人，畏其二足，倒加其八。

【注释】

〔1〕野人：指农夫。 〔2〕蹋：踩。 〔3〕舆：抬、举。

【译文】

抬坐在方凳上种田的比喻

从前有一位农夫，来到人家地里，看见麦苗长得极为茂盛，就问主人："你是怎样把麦子种得这样茂盛的？"主人回复他："我平整了土地，还施上肥料，所以麦苗才长得好。"那人回去，就依照人家告诉的方法办，把肥料仔细调和洒在地里，准备下种。但他怕自己的脚踩在地里，会把土地踩得结实，麦苗长不出来。他想："我可以坐在一张方凳上，叫人抬着，我就在凳子上撒种，这就好了，"于是他叫来四个人，一个人抬着凳子的一只脚，他自己坐在上面撒种，地反而被踩得更结实。人们都在笑话他：怕自己的两只脚把地踩结实，结果添成八只脚。

世间凡夫就是这样。持戒就和种田一样，善良之芽刚刚萌芽，应当亲近有道行的人向他请教并接受他的教诫，使法芽成长起来。如果不这样，反而违反戒律做一些坏事，就会使戒芽生长不出来。就像那人担心两只脚会踩结了田，反倒添成八只脚一样。

猕猴喻

昔有一猕猴，为大人所打，不能奈何，反怨小儿。

凡夫愚人，亦复如是。先所瞋人，代谢[1]不停，灭在过去。乃于相续后生之法，谓是前者，妄生瞋忿，毒恚[2]弥深。如彼痴猴，为大人所打，反瞋小儿。

【注释】

〔1〕代谢：新旧交替的过程。 〔2〕毒恚：恶毒的怨恨。

【译文】

猕猴抱怨小孩的比喻

从前有一个猕猴，被大人敲打后，它对大人无可奈何，心里反而抱怨小孩。

世间蠢人就是这样的。先前所瞋怪、怨恨的人，由于岁月不停地迁流，已经在过去消失了。可是却把这些怨气迁怒于他的后人，还认为这仍旧是原来的他，生出不应有的怨恨心来，而且恶毒的怨气非常的深。这正像那愚蠢的猕猴被大人打了，却迁怒于小孩一样。

月蚀打狗喻

昔阿修罗[1]王，见日月明净，以手障之。无智常人，狗无罪咎，横加于恶。

凡夫亦尔。贪瞋愚痴，横苦其身，卧棘刺上，五热炙身[2]。如彼月蚀，枉横打狗。

【注释】

〔1〕阿修罗：印度古代神话中的一位好嫉妒、好战的神，常与天神决战。　〔2〕五热炙身：古代印度外道苦行之一，指一种将身体置于火上煎熬的苦行。

【译文】

因月食而打狗的比喻

从前阿修罗王看到天上太阳和月亮是光明清净的，他伸出手来一下把它遮住。那些没有智慧的人，认为月亮是被天狗吃了，狗没有罪过却横加以恶名。

世间凡夫也是这样。由于贪婪、愚昧不明事理，使自身受各种苦，睡在有刺的荆棘上，或点火烤炙折磨自己身体。这正像在月食时把罪过冤枉地横加在狗身上而打狗。

妇女患眼痛喻

昔有一女人，极患眼痛。有知识女人[1]问言："汝眼痛耶?"答言："眼痛。"彼女复言："有眼必痛。我虽未痛，并欲挑[2]眼，恐其后痛。"傍人语言："眼若在者，或痛不痛；眼若无者，终身长痛。"

凡愚之人，亦复如是。闻富贵者，衰患之本，畏不布施，恐后得报，财物殷溢，重受苦恼。有人语言："汝若施者，或苦或乐；若不施者，贫穷大苦。"如彼女人，不忍近痛，便欲去眼，乃为长痛。

【注释】

〔1〕知识女人：这里指自认为有知识、有见解的妇女。〔2〕挑：挖。

【译文】

一个女人眼痛的比喻

从前有一个女人，眼痛得很厉害。有一个相识的女人问她："你的眼睛疼痛吗?"患者回答："眼痛呀!"那个女人又说："有眼就一定会痛的。我的眼现在虽然没有痛，但我想把眼睛挖掉，免得它将来痛。"旁边的人听了后说："若是眼睛在，病时会痛，无病时就不会痛。眼睛如果没有了，那就一辈子会痛苦的。”

凡夫和蠢人也是这样。她听说富贵是将来衰败和患难的根本。担忧如果不作布施，恐怕以后受到贫穷的苦报；财物丰裕发起财来，又会重新感受到苦恼。有人对他说：“你如果作布施，后来或许受苦恼，或许得到安乐。倘若不作布施，必然会落得受贫受苦。”这就跟那个女人不肯忍受一时的痛苦，想挖去双眼，如此一来就会带来长期痛苦一样。

父取儿耳珰喻

昔有父子二人，缘事共行。路贼卒起欲来剥之。其儿耳中，有真金珰。其父见贼卒发，畏失耳珰[1]，即便以手挽之，耳不时决。为耳珰故，便斩儿头。须臾之间，贼便弃去。还以儿头，著于肩上，不可平复。如是愚人，为世间所笑。

凡夫之人，亦复如是。为名利故，造作戏论[2]，言："无二世，有二世；无中阴[3]，有中阴；无心数法[4]，有心数法；无种种妄想，不得法实。"他人以如法论[5]，破其所论，便言："我论中都无是说。"如是愚人，为小名利，便故妄语，丧沙门道果，身坏命终，堕三恶道。如彼愚人，为少利故，斩其儿头。

【注释】

〔1〕耳珰（dāng）：指戴在耳上的装饰。 〔2〕戏论：指不合佛教理义之言论。 〔3〕中阴：又名中有、中阴有。指人自死亡至再次受生期间的识身，即前世死的瞬间至次受生的刹那的中间时期。 〔4〕心数法：又名心所、心所法。指与心相应而同时存在的种种复杂的精神作用。 〔5〕如法论：指随顺佛法的真理而不相违背。

【译文】

父砍儿头护金耳坠的比喻

从前有父子二人因事一同外出，中途突然遇到劫贼，想抢夺他们的财物。儿子耳朵上戴着一副贵重的真金耳坠，父亲见劫贼猝不及防地出现，害怕会失去金耳坠，就伸手去摘下它。可是耳坠难以摘下来，为了不致失去真金耳坠，便砍下儿子的头。但是很快劫贼就放弃而向别处窜去了。父亲赶紧把砍下的头安在儿子的脖子上，但是再也不能复原了。像这样的蠢人，当然被人笑话。

世间凡夫也是这样。因为贪图名利，捏造一些离奇的说法，有说没有来生，也有说有来生的；有说无中阴身，也有说有中阴身；有说无心所有法，也有说有心所有法；这种种妄想都不能获得正法的实际受用。其他人也会以如法正论破斥其戏论邪说，可是他却说在自己主张的论点里并没有那些奇谈怪论。像这样的愚蠢人，为了获得小的名利就故意宣说妄语，不仅会丧失了出家人所能得到的道果，而且命终时将堕到三恶道中。正像那个愚蠢父亲为了不失去小金耳坠却砍下儿子的头一样。

劫盗分财喻

昔有群贼，共行劫盗，多取财物即共分之，等以为分。唯有鹿野[1]钦婆罗[2]，色不纯好，以为下分，与最劣者。下劣者得之恚恨，谓呼大失。至城卖之，诸贵长者多与其价。一人所得，倍于众伴，方乃欢喜，踊悦无量。

犹如世人，不知布施有报无报，而行少施，得生天上，受无量乐，方更悔恨，悔不广施。如钦婆罗，后得大价，乃生欢喜。施亦如是，少作多得，尔乃自庆，恨不益为。

【注释】

〔1〕鹿野：佛教圣地。佛悟道后，在此初转法轮，为憍陈如等五比丘说法。　〔2〕钦婆罗：衣名，指不合佛教礼义的服装。

【译文】

盗贼分财物的比喻

过去有一帮行劫的盗贼，结伙打家劫舍，抢到财物，共同分赃，平等定份。其中只有从鹿野盗得的钦婆罗衣，颜色质地都不好，所以定为下等，分给最差的一个贼。这个贼分得后，心里很抱怨，大喊吃亏了。他把这件衣服拿到城里去卖，许多大官和富人都争着买，愿出很高的价钱。他一个人卖得的钱是其他伙伴的几倍。这时他十分欢喜，高兴得难以形容。

这就像世俗之人，不知布施是不是有相应的报应，只是少量的布施了一点，后来竟生到天上，得到无法计量的快乐。这时才后悔，当初为什么不广行布施？正像钦婆罗衣后来卖得高价，这个贼心里才大为高兴。布施也是一样，做了一点小功德，却得到更多的果报，这时才自我庆幸，并悔恨当初没有多做布施。

猕猴把豆喻

昔有一猕猴，持一把豆，误落一豆在地，便舍手中豆，欲觅其一。未得一豆，先所舍者，鸡鸭食尽。

凡夫出家，亦复如是。初毁一戒，而不能悔。以不悔故，放逸滋蔓[1]，一切都舍。如彼猕猴，失其一豆，一切都弃。

【注释】

〔1〕滋蔓：蔓延。

【译文】

猴子捡豆子的比喻

从前有一只猴子，手里拿着一把豆，不小心掉了一颗在地上。它就扔下手里的一把豆，专门去找丢掉的那一颗。丢的那颗并没有找到，可是先扔下来的那些豆，都被鸡、鸭一齐吃光了。

凡夫出家也有这种情形。他当初毁犯了一条戒律，不能做到立刻忏悔。由于没有忏悔，于是在行为上逐渐放纵起来，最后不得不舍掉一切戒律。正像那猴子，丢了一颗豆，把手中的一把豆也全扔了一样。

得金鼠狼喻

昔有一人，在路而行。道中得一金鼠狼，心生喜踊，持置怀中，涉道而进。至水欲渡，脱衣置地，寻时金鼠变为毒蛇。此人深思："宁为毒蛇螫杀[1]，要当怀去。"心至冥感[2]，还化为金。傍边愚人，见其毒蛇变成真实，谓为恒尔。复取毒蛇，内著怀里，即为毒蛇之所蜇螫，丧身殒命。

世间愚人，亦复如是。见善获利，内无真心，但为利养，来附于法[3]，命终之后，堕于恶处。如捉毒蛇，被螫而死。

【注释】

〔1〕螫（shì）杀：这里指毒蛇咬人使人中毒身亡。　〔2〕冥感：心诚感化了鬼神。　〔3〕附于法：依附于佛门。

【译文】

得到一只金鼠狼的比喻

从前有一个人正在路上行走，忽然途中捡到一只金鼠狼，心里高兴地跳起来，赶紧揣在怀里。仍然沿着大路往前走。一会儿到了河边要渡河，他把衣服脱下放在地上，金鼠狼却变成一条毒蛇。这个人心里在想："我宁愿被毒蛇螫死，也要把金鼠狼放在怀里带走。"由于诚心感化了鬼神，毒蛇又变成了金鼠狼。旁边的蠢人，看见毒蛇会变成真金鼠狼，以为这是必然的事，也捉来一条毒蛇放在怀里，结果被毒蛇咬死，白白地送掉了自己宝贵的生命。

世间也有这样的蠢人。他看到了善行得到好报，但自己却无真心行善，只是为了取得名闻利养。便借助于佛门善法为名来掩盖自己的伪善行迹，以致命终之后堕于恶处。这正像那个蠢人捉来毒蛇放在怀中指望变成真金鼠狼，最后被毒蛇咬死一样。

地得金钱喻

昔有贫人，在路而行，道中偶得一囊金钱，心大喜跃，即便数之。数未能周〔1〕，金主忽至，尽还夺钱。其人当时悔不疾去，懊恼之情，甚为极苦。

遇佛法者亦复如是。虽得值遇三宝福田〔2〕，不勤方便，修行善业；忽尔命终，堕三恶道。如彼愚人，还为其主夺钱而去。如偈〔3〕所说：

今日营此事，明日造彼事。
乐著不观苦，不觉死贼至。
匆匆营众务，凡人无不尔。
如彼数钱者，其事亦如是。

【注释】

〔1〕周：一遍。　〔2〕福田：田以生长为义，人若行善修慧，犹如农夫于田下种，能得福慧之报，故名福田。　〔3〕偈：偈他的简称，华译为颂，即一种略似于诗的有韵文辞，通常以四句为一偈。

【译文】

拾到一袋金钱的比喻

从前有一个穷人，正在路上行走，偶然在半路拾到一袋金钱，心里喜欢得跳起来，赶紧取出来点一点数目。还没数完一遍，失主忽然赶了回来，这些金钱全部被夺了过去。那个穷人十分后悔，为什么当时不赶紧走开再去点数，内心的懊丧，使他感到万分的痛苦。

那些有机会遇到佛法的人，也有相类似的情形。虽然遇到了三宝福田，如果不勤奋努力，修行各种善业，生命很快就会终结，还是要堕入地狱、畜生、饿鬼三恶道中。就像那个蠢人仍被失主把钱收回一样。像下面的偈文所说：

今日营生着这样的行业，明天又从事那样的工作。
贪图享乐不想日后痛苦，不觉死神来临与世永诀。
一生匆忙经营繁杂事务，世俗之人无一不是这样。
如拾钱人未数完就失去，人生中许多事也是如此。

贫人欲与富者等财物喻

昔有一贫人，少有财物，见大富者，意欲共等。不能等故，虽有少财，欲弃水中。傍人语言："此物虽少，可得延君性命数日，何故舍弃，掷著水中。

世间愚人，亦复如是。虽得出家，少得利养，心有悕望，常怀不足，不能得与高德者等获其利养。见他宿旧[1]有德之人，素有多闻，多众供养，意欲等之。不能等故，心怀忧苦，便欲罢道[2]。如彼愚人，欲等富者，自弃已财。

【注释】

〔1〕宿旧：指经过长期修行有功德的人。　〔2〕罢道：放弃佛教修行。

【译文】

穷人与富翁比财物的比喻

从前有一个穷人，略微有点钱财。他看到大富翁们，总想也能同样富足。但是，始终不能达到他的愿望，因此他气得把自己仅有的一点钱财，都扔到水里去。旁边的人告诉他说："这点钱财虽然很少，但总还能供你几天活命。干嘛要把它扔到水里？"

世间的愚蠢人也是这样。虽然已出家修行，略微得到了一点利养，可是心里存了一种奢望，常感到不足，不能跟品德高的人同样受到大家的尊敬供养。他看到有名望、有道德的修行者，一直受到许多信众的尊敬供养，心里总想跟他一样。由于不能和高僧相比，心中怀有忧愁苦恼，并想放弃佛门修行。这就像愚蠢的人，由于不能与富翁的财物相比，就要将自己的一点钱财扔到水里去一样。

小儿得欢喜丸喻

昔有一乳母，抱儿涉路，行道疲极，眠睡不觉。时有一人，持欢喜丸，授与小儿。小儿得已，贪其美味，不顾身物。此人即时解其钳锁[1]、璎珞[2]、衣物，都尽持去。

比丘亦尔。乐在众务愦[3]闹之处，贪少利养，为烦恼贼夺其功德、戒宝、璎珞。如彼小儿，贪少味故，一切所有，贼尽持去。

【注释】

〔1〕钳（qián）锁：指戴在小孩身上的金属装饰品。 〔2〕璎（yīng）珞（luò）：古代用珠玉制作而成，戴在颈项上的装饰品。〔3〕愦（kuì）：混乱。

【译文】

小孩只顾吃欢喜丸的比喻

从前有一位奶妈，抱着孩子走远路，走得很累，在路旁休息时沉睡得人事不知。这时有一个人拿着欢喜丸哄小孩。小孩得到后，觉得美味香甜，只顾贪吃不管身上和旁边的财物了。这人立刻把小孩身上的锁圈、项链、珠玉串等等一齐取了下来，连衣服都剥光了拿走。

出家人中也有相似的情况。喜欢在事务繁忙的热闹地方，贪图得到一点供养，被自己心内烦恼之贼夺去了他的修持功德

——戒宝、璎珞，就像那个小孩贪吃一点美味食品，所有一切都被贼拿走一样。

老母捉熊喻

昔有一老母，在树下卧，熊欲来搏[1]。尔时老母绕树走避，熊寻后逐，一手抱树，欲捉老母。老母得急即时合树，捺熊两手，熊不得动。更有异人[2]，来至其所，老母语言：“汝共我捉，杀分其肉。”时彼人者，信老母语，即时共捉。既捉之已，老母即便舍熊而走。其人后为熊所困。如是愚人，为世所笑。

凡夫之人，亦复如是。作诸异论[3]，既不善好，文辞繁重，多有诸病，竟不成讫[4]，便舍终亡。后人捉之，欲为解释，不达其意，反为其困。如彼愚人，代他捉熊，反自被害。

【注释】

〔1〕搏：抓。 〔2〕异人：指另外一人。 〔3〕异论：异端邪说。 〔4〕讫（qì）：完毕。

【译文】

老婆婆捉熊的比喻

从前有一位老婆婆，躺在一棵大树下休息，突然窜来一头熊要抓她。这时老婆婆只有绕着大树躲避熊。熊跟着追，用一只爪子抱住树，想抓老婆婆。老婆婆急中生智，赶紧用手使劲将合抱住树身的两只熊爪按在树干上，使熊再也无法动弹了。这时恰巧来了一个过路人，老婆婆喊住他说：“咱们俩一齐来逮住这头熊，杀掉它共同分这头熊的肉。”这过路人相信老婆婆的话，上前来帮助捉熊。他上前帮忙把熊按住，老婆婆却独自一人乘机溜走了，这过路人便被熊困住不能脱身。像这样的蠢人，当然被人们所讥笑。

世间凡夫也是这样。作一些奇谈怪论，不仅在内容上不完善，而在文字形式上又晦涩繁琐，带有很多语言上的毛病，以致不能形成完整的结论，直至去世。如果后人得到后，就试图为其作出解说，但始终不能明了它的本意和背景，反而被它困扰。正如那个蠢人代替老婆婆捉住熊爪，自己反而被熊困住一样。

摩尼水窦喻

昔有一人与他妇通。交通未竟，夫从外来，即便觉之，住于门外，伺其出时，便欲杀害。妇语人言："我夫已觉，更无出处，唯有摩尼〔1〕可以得出。"（摩尼者齐云水窦孔也）。胡以水窦〔2〕名为"摩尼"，欲令其人，从水窦出。其人错解，谓摩尼珠。所在求觅，而不知处。即作是言："不见摩尼珠，我终不去。"须臾之间，为其所杀。

凡夫之人，亦复如是。有人语言："生死之中，无常、苦空、无我、离断、常二边，处于中道〔3〕，于此中过，可得解脱。"凡夫错解，便求世界有边、无边，及以众生有我、无我，竟不能观中道之理。忽然命终，为于无常之所杀害，堕三恶道。如彼愚人，推求摩尼，为他所害。

【注释】

〔1〕摩尼：为珠宝的总称。这里指一种逃生的办法。　〔2〕水窦：指通水的孔穴。　〔3〕中道：不偏于空，也不偏于有，非空非有，亦空亦有，不落二边，圆融无碍，谓之中道。法相以唯识为中道，三论以八不为中道，天台以实相为中道，华严以法界为中道。

【译文】

摩尼与水洞的比喻

从前有一个人和别的妇人私通，一天，正当他们在房里幽会的时候，妇人的丈夫忽然从外面回家，察觉到他们不做好事，便静悄悄地等在门外，想等男的出来的时候，把他杀了。这时妇人对她的情夫说："我的丈夫已经发觉你在这里，现在没有出去的路了，只有摩尼才可以出得去。""摩尼"是胡人对水洞的叫法，意思是让他从水洞里钻出去。这人误解了她的意思，认为摩尼就是随意所求皆能满足的如意宝珠，到处寻找也没有找到，于是他说："我没有看见摩尼珠，就出不去。"就在这时，妇人的丈夫进来把这人杀掉。

世间凡夫也是这样。听人说生死的相续变幻无常，而起惑造业受苦别无真实的生命主体可言。如果能远离偏执世间及我终归断灭和世界常住及自我不灭两种偏见，一心住于中道，就可以得到解脱。凡夫错解了意思，只去追求有的边际、无的边际，以及众生有我、无我，始终不能深观中道之理。忽然临命终到来时，竟被无常吞噬，堕入三途恶道中。正像那个蠢人只想找得如意宝珠，终为情妇的丈夫杀掉一样。

二鸽喻

昔有雄雌二鸽，共同一巢。秋果熟时，取果满巢。于其后时，果干减少，唯半巢在。雄瞋雌言："取果勤苦，汝独食之，唯有半在。"雌鸽答言："我不独食，果自减少。"雄鸽不信，瞋恚而言："非汝独食，何由减少?"即便以嘴啄雌鸽杀。未经几日，天降大雨，果得湿润，还复如故。雄鸽见已，方生悔恨："彼实不食，我妄杀他。"即悲鸣命唤雌鸽："汝何处去?"

凡夫之人，亦复如是。颠倒在怀，妄取欲乐，不观无常，犯于重禁[1]，悔之于后，竟何所及。后唯悲叹，如彼愚鸽。

【注释】

〔1〕重禁：又称波罗夷罪，指一种最重之罪，犯此罪者，从佛教来说必失去比丘、比丘尼的资格。

【译文】

雄雌二只鸽的比喻

从前有雌雄两只鸽子，住在一个巢里。秋天果子熟的时候，它们把拾来的果子装满了一巢。过了一段时间，果子逐渐干瘪，只剩下了半巢。雄鸽责怪雌鸽说："我们弄来这些果子很辛苦，你干嘛独自吃了？你看，现在果子只剩下一半了！”雌鸽回答说：“我一向不独自食果。果子是自己减少的。”雄鸽不信，十分生气，说道：“如果不是你独自吃了，怎么会减少？”便用嘴啄死了雌鸽。没隔几天，天下大雨，果子吸收了潮气，又恢复了原样，装满了一巢。雄鸽看到，后悔不已：“雌鸽确实没有吃果子，我错把她杀了！”它伤心地呼唤雌鸽：“你到哪里去了？”

世间凡夫也是这样。内心里存在着颠倒妄见，追求不应贪着的五欲之乐，不观想世间无常、迁流不住的道理，因此违犯了杀、盗、淫、妄等根本重大禁戒。到产生恶果后才追悔不该这样做，可已经来不及了。这正像那只愚蠢的雄鸽在错杀了雌鸽之后徒自悲鸣一样。

诈称眼盲喻

昔有工匠师，为王作务，不堪其苦，诈言眼盲，便得脱苦。有余作师[1]闻之，便欲自坏其目，用避苦役。有人语言："汝何以自毁，徒受其苦?"如是愚人，为世人所笑。

凡夫之人，亦复如是。为少名誉及以利养，便故妄语，毁坏净戒[2]，身死命终，堕三恶道。如彼愚人，为少利故，自坏其目。

【注释】

〔1〕余作师：其他的工匠师。 〔2〕净戒：修持清澄纯正的言行、思想，维护戒律的自觉行为。

【译文】

谎称眼瞎的比喻

从前有一个工匠师傅，为国王服劳役，实在不堪忍受劳苦，他假装说自己的眼瞎了，骗过了国王，逃脱了这份苦差使。另外有一位工匠师傅知道了，就想把自己的眼睛弄瞎，借此逃避做不完的苦役。有人对他说："你干吗要毁坏自己的眼睛，白白地受这种痛苦呢?"像这样的蠢人，被世人所笑话。

世间凡夫也是这样。为博取一点名誉，或是得到一点供养，因此就存心说假话，破坏清净的戒律。这样在身死命终后，就会坠入地狱、畜生、饿鬼三恶道中。像那位工匠师傅，只是为逃避国王的苦役，就把自己的眼睛弄瞎，是同样的愚蠢。

为恶贼所劫失氎喻

昔有二人为伴，共行旷野。一人被一领氎[1]，中路为贼所剥；一人逃避，走入草中。其失氎者，先于氎头裹一金钱，便语贼言："此衣适可直一枚金钱，我今求以一枚金钱而用赎之。"贼言："金钱今在何处？"即便氎头解取示之，而语贼言："此是真金，若不信我语，今此草中有好金师，可往问之。"贼既见之，复取其衣。如是愚人，氎与金钱一切都失。自失其利，复使彼失。

凡夫之人，亦复如是。修行道品[2]，作诸功德，为烦恼贼之所劫掠，失其善法，丧诸功德。不但自失其利，复使余人失其道业，身坏命终，堕三恶道。如彼愚人，彼此俱失。

【注释】

〔1〕氎（dié）：细棉布。 〔2〕道品：道法的品类。指佛教修行证悟的层次和方法。

【译文】

衣裳被强盗剥去的比喻

从前有两个人结伴而行，走到一个旷野地方，其中一个人穿细白布衣裳，半路上遇到强盗，衣裳被强盗剥去。另一个人逃脱后，藏到深密的草丛里。丢衣裳的那人早先在衣领里藏了一枚金钱，便对强盗说："我这件衣裳恰好值一枚金钱，我现在想用一枚金钱把这件衣裳赎回来。"强盗问："金钱现在哪里?"这人解开衣领，取出一枚金钱给贼看说："这是真金的，如果你不信，这草丛里有一位好金匠，你可以问他。"强盗看见躲在草丛里的人，又把那人的衣裳也一同抢去。像这个蠢人，衣裳和金钱都丢了，自己受了损失，还使别人的衣裳也丢了。

世间凡夫也是这样，原先修行各类道行，作了各种功德。但是后来因自心中贪、瞋、痴等烦恼之贼把修行的善法都掠夺走了，因此丧失了先前修过的各种功德。他不但自己丧失了佛法上的功德利益，还使与他共同修道的人也被烦恼之贼所劫掠，丧失了道业。这些人身死命终，随业坠入三恶道中。正像那个被劫去衣裳的人，不但金钱和衣裳失去，还使同行人也遭劫。

小儿得大龟喻

昔有一小儿，陆地游戏得一大龟。意欲杀之，不知方便，而问人言："云何得杀?"有人语言："汝但掷置水中，即时可杀。"尔时小儿信其语故，即掷水中。龟得水已，即便走去。

凡夫之人，亦复如是。欲守护六根，修诸功德，不解方便，而问人言："作何因缘，而得解脱?"邪见外道、天魔波旬〔1〕及恶知识，而语之言："汝但极意六尘，恣情五欲，如我语者，必得解脱。"如是愚人，不谛思惟〔2〕，便用其语，身坏命终，堕三恶道。如彼小儿，掷龟水中。

【注释】

〔1〕波旬：六欲天魔王的名字，指欲断人慧命和劝人造恶退善之恶魔。　〔2〕不谛思惟：不认真观察思考。

【译文】

小儿捉到一只大龟的比喻

从前有一个小儿，在陆地上游戏玩耍，捉到一只大龟。他想杀掉这只龟，可又不知道怎样下手。于是这个小儿问别人："怎样才能杀死这只龟?"有一人告诉他："你只要将大龟扔到水里，立刻就可以把它杀死。"这时，小儿相信了这个人的话，立即把大龟扔到水里。那大龟一到水里，就很快逃走了。

世间凡夫轻易地相信别人的话，也是这样。本来想守护六根——眼、耳、鼻、舌、身、意，修行各种功德。由于不了解有哪些方法，就问别人："要依什么样的因和缘去修行，才可以得到解脱?"遇见的却是有邪见的外教修道人，或是以恶道、邪见教人的恶师。这类人教给他说："你只要面对色、声、香、味、触、法六尘，放任自己的心意。照我的话去做，必然得到解脱。"这样的蠢人听后，根本不仔细思考别人说的话是不是符合正理，就照着所说的去做，以致身死命终，堕入三恶道中。正像小儿把大龟扔到水里让其逃走一样。

偈　颂

此论我所造，和合喜笑语，
多损正实说，观义应不应。
如似苦毒[1]药，和合于石蜜。
药为破坏病，此论亦如是。
正法中戏笑，譬如彼狂药。
佛正法寂定，明照于世间。
如服吐下药，以酥润体中。
我今以此义，显发于寂定。
如阿伽陀[2]药，树叶而裹之；
取药涂毒竟，树叶还弃之。
戏笑如叶裹，实义在其中；
智者取正义，戏笑便应弃。
尊者僧伽斯那造作《痴花鬘[3]》竟。

【注释】

〔1〕毒：指一种利于疾病的药。　〔2〕阿伽陀：意为普去，即可祛众病。　〔3〕花鬘：花束。

【译文】

这部论作是我编辑解说，其间融合各种发笑戏语。

可能有损于实义的宣说，就看它与实义是否相应。
这好像服用苦口的良药，加上一点蜂蜜调和味道。
良药本是用来治愈疾病，这部经论用处亦是这样。
为宣说正法增加趣味性，就像在苦药中加点蜂蜜。
在佛教正法中得到寂定，以智慧之光照明人世间。
如服用剧烈的呕吐药物，用来滋润洗净人体内藏。
我现在也依据这一要旨，以此彰显佛法中的寂定。
如能去众病的阿伽陀药，先用树叶把它紧紧包好。
等到取药涂在毒瘤上后，就将把裹药的树叶扔掉。
书中发笑戏语如同树叶，实义就包含在故事中间。
智慧的人从中领会正义，就该把发笑的戏语舍去。
尊者僧伽斯那所创作的《痴花鬘》叙述完毕。